京剧艺术传承与保护工程
中国京剧艺术基金会资助出版

纪念毛世来先生
百年诞辰艺术文集

吉林省戏曲剧院 编

吉林出版集团股份有限公司
全国百佳图书出版单位

毛世来

（1921年—1994年）

■ 毛世来与母亲、长兄毛庆来（右）合影

■ 毛世来、刘宝珍夫妇

■ 毛世来夫妇与子女合影

■ 毛世来和父亲合影

■ 毛世来夫妇与子女合影

■ 1958年赴长春前,毛世来全家在北京故居前合影　　■ 毛世来夫妇与七个子女合影

■ 毛世来夫人刘宝珍与长女毛莲莲　　■ 毛世来夫人刘宝珍与长女毛莲莲

■ 毛世来、刘宝珍夫妇在教学楼前合影　　■ 毛世来与夫人刘宝珍

■ 毛世来夫妇和弟子邢美珠

■ 毛世来和弟子王晓菊

代序

缅怀前辈　守正传承　张建国　　　　　　　　2

深切缅怀　　　　　　　　　　　　　　　　5

百年毛公　甲子吉京　吉林省戏曲剧院京剧团　　6
立德树人　桃李成蹊　吉林艺术学院戏曲学院　　9
纪念"四小名旦"之一毛世来　石宏图　　　　13
我所了解的毛世来先生　贯涌　　　　　　　　15
多流派的继承和发扬者　张永和　　　　　　　20
后无来者　孙元喜　　　　　　　　　　　　　26
毛世来先生的艺术精神永远值得我们学习　王玉珍　30
回忆毛世来先生在吉林　杨振东　　　　　　　33
沿着前辈的足迹前进　张欢　　　　　　　　　38
走"进"毛世来　封杰　　　　　　　　　　　41
继承传统才能更好出新　满羿　　　　　　　　45

谈艺忆往　　　　　　　　　　　　　　　　47

我的艺术生活　毛世来　　　　　　　　　　　48
有志者事竟成　毛世来　　　　　　　　　　　83
京剧旦角的"四功五法"　毛世来　　　　　　92
老树新枝开奇花——写在宋长荣师弟来长公演之际　毛世来　129

旧文摘抄 131

毛世来富连成三年史　132

五世其昌　舍予　133

荀慧生勖勉毛世来　乱石　134

小言　吕弓　135

我对于毛世来的期望　梅花馆主　136

毛世来打炮戏之我观　慕来耘　138

与毛世来君论眼神　苏少卿　140

梨园春秋 141

怀念毛世来先生　梁小鸾　142

小五舅　吴素秋　144

忆毛世来　苏盛琴　146

梨园一骄子　李世琦　149

世来师弟在富连成　阎世善　152

梨园一叶——毛世来　叶盛长　160

我所知道的毛世来　李德彬　162

我与毛世来的初次合作　储金鹏　164

好戏绝响成大憾　李金鸿　165

怀念毛世来师兄　毕谷云　167

祝词　刘砚芳　170

毛世来先生与吉林省京剧团　欧阳甲仁　171

桃李成蹊 　　　　　　　　　　　　　　175
缅怀恩师毛世来先生　邢美珠　　　　　176
缅怀恩师毛世来先生　王继珠　　　　　181
怀念我的恩师　王晓菊　　　　　　　　182
回忆与恩师毛世来先生学艺的日子　蔡静秋　187
怀念我的恩师毛世来先生　闫淑平　　　191
名伶高德　良师风范　刘丽敏　　　　　197
怀念我们的父亲毛世来　　　　　　　　201

毛世来艺术活动纪事 　　　　　　　212

代序

缅怀前辈　守正传承

张建国

2021年是著名京剧表演艺术家、"四小名旦"之一毛世来先生诞辰100周年。中国京剧艺术基金会和吉林省戏曲剧院京剧团、吉林艺术学院戏曲学院等单位共同举办纪念毛世来先生的艺术研讨会、出版《纪念毛世来先生百年诞辰艺术文集》，有着重要的现实意义。

2020年10月23日，习近平总书记在给中国戏曲学院师生回信中强调："弘扬优良传统，坚持守正创新。"守正创新，首先是要守正。今天我们在这里以纪念毛世来先生百年诞辰为契机，邀请京剧艺术家、京剧教育家、戏曲理论家、戏曲评论家等前辈，还有当年和毛世来先生一起工作的演员、同事，共同缅怀毛世来先生，回顾毛世来先生的艺术道路和表演、教学成就，研究如何传承花旦艺术，把毛世来先生精湛的表演艺术在舞台上再次呈现出来。这也是京剧艺术守正创新、传承发展的重要内容。

京剧是"角儿"的艺术。毛世来先生在富连成科班受到严格的、全面的训练，打下坚实的基本功，出科之后立志成"角儿"，广拜名家名师学习，博采众长，擅演剧目丰富，表演功底深厚。1936年，在北平《立言报》组织的"四小名旦"评选中，毛世来先生以文武兼备、昆乱不挡的艺术风格，卓越出众的艺术才华，与李世芳、张君秋、宋德珠一起入选"四小名旦"，成为京剧花旦挑班唱戏的"角儿"。

虽然毛世来先生离开我们已经二十余年，但他的艺术魅力和艺术精神，依然闪耀在京剧舞台上。他的表演风格、艺术呈现和技术技巧，为京剧宝库增添了珍贵的艺术财富。

中国京剧艺术基金会以弘扬民族文化，传承京剧艺术为己任，自2010年以来，在中央领导同志和政府有关部门的支持下，启动实施"京剧艺术传承与保护工程"，取得了丰硕的成果。其中重要内容就是抢救老艺术家的艺术资料，总结研究京剧名角儿、名家的成长道路和艺术经验，为京剧艺术的从业者、管理者、研究者留下宝贵的艺术资料。

缅怀先贤不忘历史，追忆前辈以励后人。在以习近平同志为核心的党中央带领全国各族人民向着中国特色社会主义文化强国迈进的新阶段、新进程中，举办纪念毛世来先生百年诞辰艺术研讨、出版《纪念毛世来先生百年诞辰艺术文集》，也是中国京剧艺术基金会和吉林省戏曲剧院京剧团、吉林艺术学院戏曲学院深入学习贯彻习近平新时代中国特色社会主义思想，助力文化强国战略，坚定文化自信，坚持守正创新、传承发展，弘扬中华优秀传统文化之瑰宝——京剧艺术的重要举措。

张建国　全国政协委员、中国京剧艺术基金会理事长、
　　　　国家京剧院一级演员、京剧奚派传人

深切缅怀

纪念毛世来先生
百年诞辰艺术文集

百年毛公 甲子吉京

吉林省戏曲剧院京剧团

毛世来先生是吉林省京剧团的奠基者；

毛世来先生是吉林省戏曲教育的领航人；

毛世来先生是吉林省文化建设的大功臣！

回顾毛世来先生一生，其前半生是红遍上海滩、老北平、天津卫的"四小名旦"之一，后半生是开启吉林省京剧团和戏曲学校新篇章的表演艺术家、戏曲教育家。其功绩彪炳史册，至今熠熠生辉。

1958年，为了适应社会主义文化事业蓬勃发展的需要，促进京剧事业全面均衡发展，周恩来总理作出指示："京剧只在北京发展不行，要普及全国。"随后，北京十二个京剧院团大规模调整，北京只留中国京剧院和北京京剧团，其余京剧院团一律支援外省。

同年8月，在时任中共吉林省委宣传部部长宋振庭、时任省文化局局长高叶的盛情邀请下，毛世来先生带领北京和平京剧团几十名京剧人才落户长春。10月16日，经吉林省编委批准，正式成立吉林省京剧团，毛世来先生任团长，京剧大师王瑶卿的得意高徒王玉蓉任副团长。随后，梅派名家梁小鸾调入吉林省京剧团，由此形成三大名家鼎立的局面，他们与其他演员一起，常年演出于长春的大众剧场和朝阳剧场，吉林京剧声名鹊起。

毛世来先生在吉林省京剧团工作期间，既是团长又是挑梁演员，他不但要全面规划建团初期的各项工作，还肩负着挑梁演出的任务。其领衔演出过的剧目有：《王宝钏》《杨排风》《红娘》《玉堂春》《辛安驿》《花木兰》《小上坟》《孔雀东南飞》《吕布与貂蝉》《刺巴杰》《英杰烈》《拾玉镯》《法门寺》《棋盘山》《樊江关》《穆桂英》《打渔杀家》《樊梨花》《南界关》等。

1958年末，为了积极响应党中央的号召，配合反对美帝国主义军事威胁的宣传，毛世来先生带领吉林省京剧团全体演职人员创排了《梅河两岸》《红姊妹》两个大型宣传剧目，在斯大林大街（今人民大街）、长春公园（今胜利公园）、火车站等各处巡演，与观众一起，声讨美帝国主义霸权行径。在此期间，毛世来先生还率团深入长春市的工厂、学校，以及吉林省内的吉林、四平、敦化、延吉等地巡演，受到广大群众热烈欢迎。

毛世来先生艺德高尚，热心培养后继人才。在履任团长的繁忙工作中，他挤出时间为剧团青年演员传授《英杰烈》《樊江关》《悦来店》等剧目的表演技巧，并先后收邢美珠、徐凤、王凤霞、王继珠、李秀琴等演员为徒，为吉林省京剧团后备人才建设竭尽心力。

1959年10月，毛世来先生调至吉林省戏曲学校任副校长兼京剧教师。毛世来先生将富连成教学经验融入戏校的教学体系中，决心把吉林省戏曲学校办成一个像富连成那样有名气、出人才的现代化戏曲教育基地。毛世来先生在戏曲学校任职期间，除了给京剧科学生上课，也为评剧、吉剧、赣剧等学员进行辅导教学，为各地培养输送各大剧种人才。

1960年，吉林省京剧团改名为吉林省京剧院。为庆祝建院，彼时已调至吉林省戏曲学校任副校长的毛世来生先重回京剧舞台，连演五天大戏，演出了《十三妹》《得意缘》《英杰烈》《南界关》等剧目，座无虚席，掌声如潮。

1979年，吉林省戏曲学校恢复建制，毛世来先生调回戏校。东隅已逝，桑榆非晚。已近花甲之年的毛世来先生，为使京剧艺术服务于人民，为四化建设出力，不顾年老体弱、疾病缠身，重返京剧教学第一线。在为学生教授《穆柯寨》时，毛世来先生因过度疲劳，突发脑血栓，导致半身不遂。但这不能阻止他只争朝夕、一心传艺的心情。从此，吉林省戏曲学校的京剧课堂上便有了一位坐着轮椅授课的老人。

2021年是毛世来先生诞辰100周年，也是吉林省京剧院建院63周年，毛世来先生毕生致力于京剧事业，铸就了吉林京剧一甲子的辉煌。

吉林省曾有9家京剧院团，由于时代变迁、市场竞争、体制改革等因素，时至今日只剩下吉林省京剧院一家京剧院团得以保留。而吉林艺术学院戏曲学院（前身为吉林省戏曲学校）是全省唯一一所开设戏曲本科教育的院校。这两处都与毛世来先生有着密不可分的关系，是毛世来先生留在吉林这片黑土地上的宝贵文化财富。

毛世来先生以"四小名旦""和平剧团"为起点，为吉林省京剧院63载的辉煌打下了坚实的基础。以教学传承开启了吉林省戏曲学校囊括京剧、吉剧、评剧、赣剧等戏曲人才的培养战略，为整个吉林戏曲的繁荣兴盛作出了重要贡献。

今日的吉林省京剧院是国家文化和旅游部、中共吉林省委、省政府重点扶持的院团，是拥有"文华奖""中国京剧艺术节一等奖""国家舞台艺术精品工程""全国文化系统先进集体""五个一工程"奖等荣誉称号的重点院团。

我们以此来告慰毛世来先生，他永远活在每一位为吉林文化事业而不懈奋斗的同志心中！

深切缅怀

立德树人　桃李成蹊

吉林艺术学院戏曲学院

在中国京剧的发展历程中，旦行占有重要位置，先后诞生了"四大名旦"和"四小名旦"。"四小名旦"评选过两次，其中毛世来先生和张君秋先生两次都入选，这说明毛世来先生的表演得到了京剧界人士和广大人民群众的双重认可。

毛先生在学艺时就"学得勤、练得苦"，这是毛先生的师兄弟对他的评价。毛先生不但勤奋刻苦，而且转益多师，兼收并蓄，博而后精。从他学习的精神上，我们看到了一代大师的人格魅力和锲而不舍的人生态度。成名后，毛先生依然严格要求自己，他虚心好学，刻苦钻研京剧艺术，继续创造发展旦角演技，并汲取荀、筱两派的艺术精华化为己用，恰到好处，精益求精，为京剧艺术的发展作出了积极贡献。这种精神永远值得我们后辈学习。

毛先生是让人尊敬的一代名伶，不仅因为他高超的表演技艺，更因为他有着非凡的个人魅力。舞台上的毛先生举手投足尽显神韵，台下的他是一身长袍，围巾紧束，英俊潇洒，绅士儒雅。这样一位看起来可望而不可及的先生，却用火一样的热情对待着他身边的人和事。

毛世来先生曾经被选为吉林省出席全国文代会的代表、省政协委员、中国剧协吉林分会副主席，享受国务院政府津贴。他不止一次地说："我们这些人在旧社会再红，也不过是富人家茶余饭后的消遣品，只有在新社会，我们才有了做人的尊严，党给了我这么多荣誉，这么高待遇，我今生今世也还不清啊！"可见毛先生对党和政府的一片赤诚之心，也足以看出毛先生是一个懂得感恩的人。

1958年8月，毛先生带领五十多人从北京来到吉林省长春市，将"和平剧团"改为"吉林省京剧团"，毛先生任团长。在京剧团，他除了要理顺、管理建团初期的各项工作，还肩负着挑梁演出的重要任务。如今，毛先生虽然离开了我们，但他对吉林省京剧事业的发展产生了不可估量的影响。一直以来，吉林省京剧院锐意进取，改革创新，不仅创作演出了一批精品剧目，也培养了一批表演艺术家，得到了全国戏剧界的高度赞誉。

后来，毛先生又调任到吉林省戏曲学校，负责全校的教学工作。毛先生从此告别舞台，专心致力于京剧的教育事业。他无怨无悔，负重耕耘，将自己多年来从前人身上学来的技艺和自己30多年的心得体会与舞台经验传给青年一代。毛先生走上戏曲教育岗位后，提倡开门办学，开阔学生视野。他提倡学生在练好基本功的同时，要多听多看，善于博采众长。他亲自邀请叶盛章、高盛虹来校为学生亲授《三岔口》，与贾多才、安舒元共同传授《法门寺》，还先后邀请著名京剧表演艺术家赵桐珊、于连泉等来校讲学。

毛先生十分注重真传实授，教学上一丝不苟，他不仅为学生"归工、归路"打好基础，还让学生互相取长补短，真正做到了因材施教、因人而异。他主张加强教学力度，加快教学进度，他曾在一个学期中不辞辛苦，亲自传授学生《贵妃醉酒》《樊江关》《穆桂英》《棋盘山》四出大戏，取得了优异的教学成绩。

为了进一步加强学生的艺术实践，提高教学质量，毛先生还提议成立了吉林省戏曲学校青少年实验京剧团，并担任了该团的艺术指导。

遗憾的是，1979年5月1日，毛世来先生在为学生排练《穆柯寨》时因过度劳累，突发脑血栓，留下半身不遂的病症。但毛先生并未因此停止为学生说戏，他仍然带病担任了吉林省戏曲学校的顾问。当他的病稍有好转后，就又回到了教学一线的岗位上，他希望将其几十年的艺术经验整理出来，留给后人，为弘扬民族文化贡献最后一份力量。

在其人生的最后几年，坐在轮椅上的他仍然说："我的日子不多了，我总不能把身上这点玩意儿带到坟墓里去吧，让我再带几个学生吧！"这是以毛先生为代表的老一辈京剧表演艺术家对教育事业的忠诚和对继承发展京剧事业的良苦用心。

毛先生娴熟的技艺，"传道、授业、解惑"的敬业精神，让学生感受到了一代艺术家的风采，感受到了京剧旦行艺术的魅力，给学生带来的启迪让他们终生难忘。毛先生培养了许多京剧表演人才，可谓"桃李满天下"。

2013年10月28日，在毛先生奉献了半生精力的吉林省戏曲学校的基础上，吉林艺术学院戏曲学院成立，成为吉林省内唯一一所开设戏曲本科教育的院校。同年12月，学院被吉林省委宣传部、省文化厅确定为吉林省首批"吉剧教育培训研究基地"。2016年，学院入选中国戏曲教育联盟副理事长单位，同年，学院成立"吉林艺术学院戏曲艺术创作研究中心"，该中心被吉林省教育厅评为"吉林省省属高校人文社科重点研究基地"。2019年10月9日，教育部又授予吉林艺术学院为"全国普通高校中华优秀传统文化传承基地"，传承项目为吉剧。

成立七年来，学院教师在科研、教学及学科建设等方面取得了丰硕成果，连续三年获吉林省委宣传部、省文化厅、省财政厅省级文化发展引导资金"吉剧振兴工程专项资金"立项资助，并开办了"吉剧青年表演人才培训班"，先后主持国家艺术基金——"京剧杨派表演人才培养"，国家非物质文化遗产传承人群研修培训计划——"东北二人转非遗传承人群研修班""黄龙戏非遗传承人群培训班""新城戏非遗传承人群培训班"等国家级项目。教师创作获得中国电影金鸡奖最佳戏曲片奖、中国国际微电影节金羽翼最佳戏曲奖等。学院还原创了大型吉剧现代戏《山魂》。

如今，吉林省的戏曲教育工作正沿着毛先生的足迹不断前进，正是毛先生的精神鼓舞着这些教育工作者为戏曲教育事业无私奉献。正如习近平总书记在给中国戏曲学院师生回信中所强调的，要"全面贯彻党的教育方针，落实立德树人根本任务，引导广大师生坚定文化自信，弘扬优良传统，坚持守正创新，在教学相长中探寻艺术真谛，在服务人民中砥砺从艺初心，为传承中华优秀传统文化、建设社会主义文化强国作出新的更大的贡献"。

深切缅怀

纪念"四小名旦"之一毛世来

石宏图

由中国京剧艺术基金会、吉林省京剧院和吉林艺术学院戏曲学院组织的毛世来先生艺术研讨会非常有意义。刚才听了贯涌老师、孙元喜老师的发言，听到了很多对毛先生舞台生涯的回顾，使我增添了对这位艺术大家的崇拜和认知。毛先生于1958年就离开北京去了长春，那时我年纪尚幼，未能看到毛先生演出的戏。为了参加这次研讨会，我查阅了一些资料，据《立言画刊》报道，继"四大名旦"之后，许多年轻旦角脱颖而出，一些爱好者提出选举"四小名旦"。经过大众评选，李世芳、张君秋、毛世来、宋德珠被评为"四小名旦"。当时《立言报》约请这四位合作，在北京的新新大戏院演了两场《白蛇传》，四人分饰白蛇。宋德珠先生的《水漫金山》、毛世来先生的《断桥》、李世芳先生的《产子、合钵》、张君秋先生的《祭塔》，演出后四位合影，反响极为强烈。

毛先生1921年出生，7岁入富连成五科"世"字班。向萧长华、于连泉学艺工花旦，宗筱派。他的表演入木三分，神似形随，有"小筱翠花"之称。19岁出科，拜梅兰芳、尚小云、荀慧生、赵桐珊四位为师。毛先生扮相玲珑娇巧，口齿利落，念白带感情，擅长表演，武功好，戏路宽。《挑帘裁衣》《翠屏山》《战宛城》等，都是他的拿手好戏。毛先生曾与周信芳、盖叫天、李万春、李少春、叶盛章等大师多次合作。

2016年，黑龙江省京剧院将毛先生经常上演的名剧《南界关》恢复、整理、加工、提高又重新搬上了舞台。《南界关》有其鲜明的艺术特色，剧中主人公徐金花登场便是［西皮慢板］。在花园锄奸中，徐金花内心有强烈的矛盾，经过激烈反复的自我斗争，徐金花表现出审时度势、隐忍不杀、顾全大局的宽容气度。最后她"背子战寿春"，这场戏要求演员必须有深厚的武功基础，才可完美呈现英武烈妇的节义形象。

通过《南界关》这出戏，使我深深地感受到毛先生表演艺术的魅力，同时也提高了我们对传承毛世来先生表演艺术紧迫性的认识。

《南界关》重登舞台，打开了毛氏艺术的大门，他为京剧留下的珍贵遗产，有待我们加大力度去抢救并认真继承。通过推陈出新，丰富演出剧目，从而培育市场、培养新人。

希望毛世来先生优秀的舞台艺术能够得以更好的传承并取得丰硕成果！

石宏图　著名戏曲导演、北京京剧院原院长

中国戏剧家协会分党组副书记、副秘书长

深切缅怀

我所了解的毛世来先生

贯涌

人家都说梨园界总是沾亲带故，我和毛世来先生虽然非亲非故，可是却有着千丝万缕的联系。毛世来先生被誉为"小筱翠花"，而"筱翠花"于连泉先生是我的姑父。1938年，毛世来先生挑班和平剧社以后，剧社里有两位铁杆的傍角儿，一位叫贯盛习，一位叫贯盛吉，花旦离不开小花脸，这两位都是我的叔叔。而给毛世来先生在这段时期管事的罗盛公先生，是我的舅舅。我本人从1949年初到1950年8月期间，也是和平剧社的一员。

我那时是小孩，在前边唱开锣戏。很遗憾，在这段时间，我看毛世来先生的戏少一点。因为小孩还得"赶包"，我当时赶的是太平剧社。但这一段经历就使我对毛先生的艺术有了一定的认识：一是我真正看过毛世来先生在台上演戏，对其艺术魅力深有体会；二是我小时候在家学老生，到荣春社学了将近五年的花旦。学花旦的时候，尽管我姑父是筱翠花，可是我的偶像是毛世来。我们小时候不是很想学筱翠花，而是想自己如果毕业了，应该成为毛世来。因为感觉到筱翠花先生的东西，一是学不来，再一个是我们那个年龄要学那路的戏很羞涩。这是我的肺腑之言，所以我们那时学花旦走的是毛世来先生的路子。

现在大家看到毛世来先生的有关介绍，总会提到他艺宗筱翠花。但毛世来先生在科班的时候拜师尚小云，拜师梅兰芳，后来拜师荀慧生，拜师赵桐珊，唯独没有拜过筱翠花。但是在我姑父家里，我看见过毛先生在那儿学戏，筱翠花先生教得细致极了。

这就是一个谜，解开了这个谜，就看到了真正的毛世来。因为毛世来先生顶着"小筱翠花"这个头衔，何尝不是孙悟空头上的一个金箍啊！这个时候他仅仅18岁，难道从此就步筱翠花之后，亦步亦趋了吗？我自己体会，这个时候的毛世来，他有这样的一个思维，顶着"小筱翠花"的光环，而且受教于筱翠花，社会上给他荣誉，他接受了恩惠，岂能推掉呢。可是二十来岁的毛世来要充实、要突破，而不是戴着别人给他的这么一顶大的、有点沉的一个桂冠。他要发展自我，这才是真正的毛世来。所以大家看毛世来这个时候的经历就知道了，那时花旦还能学谁？只有赵桐珊先生和荀慧生先生。我以为，毛先生要拓展专业，要突破禁锢，只有以拜师的这种方式才能解决。因为就拜师而言，原来拜过一位奶师，出科之后再"下挂"，这是咱们戏曲界的常识。但是你如果是拜了某位老师，不是科班的，那大家就会产生疑问，其实他只是想突破、想拓展而已。所以，毛世来先生的再拜师，是一次宣言，是在艺术道路上迈出的关键一步。

这个时候的赵桐珊先生，在社会上的名气已经相当大了。赵桐珊先生是一位全能的大家，昆曲皮黄梆子腔，生旦净丑文武行，全拿得起来，被称为"能派"。而且，赵桐珊先生在上海、在江南一带梨园界是个"跺脚乱颤"的人物，不仅陪周信芳等人演出，还和最早一批创建海派的前辈们一起把海派形成规模。所以，刚刚挑班的毛世来就拜了赵桐珊先生。而赵桐珊先生既有昆曲皮黄梆子腔，又兼有生旦净丑文武行，意味着什么？意味着"戏路宽"。毛世来先生就要学习和继承赵桐珊先生的这个"宽"，打破一门一派的"窄"。那么我们看到一个事实是很有意思的，拜者毛世来先生有自己的一片诚意，而赵桐珊先生也把自己的拿手好戏《辛安驿》传授于他。这出《辛安驿》毛世来先生在科班里没学过，因为这出戏有一个特点，就是花旦有很多花脸的功架。这个戏的人物是女扮男装，旦角是要变成花脸，还要踩跷功。这样一出《辛安驿》重新"下挂"，一点一点地教，这是一位高明的好老师遇到一个认认真真情愿下架的好学生。在此期间，毛世来先生学的虽然是一出戏，却更多学习了赵桐珊先生的艺术理念、艺术造诣和艺术上的追求。他这个时候应是追随本心，力求拓展。

大家都知道，1935年毛世来先生在富连成科班时候拜了尚小云先生，1936年又拜梅兰芳先生，这是一个组织行为。因为当时富连成正是青黄不接的时候，社长叶春善患病不能亲躬其事，三十多名出科的学生离社赴上海演出，致使富连成演出剧目断档。在困难时期，尚小云来到富连成，主动担当"义务教师"，在生存困难时期，要借助尚小云先生挽救科班的存活。尚小云先生来到富连成的时候，带着自己的秘本给学生排演，《金瓶女》《酒丐》《天河配》《昆仑剑侠传》《娟娟》，这些戏轮换上演来挽救富连成。而毛世来先生正是这个时候的台柱子，这样毛世来先生就到了尚小云先生的门下。以往科班里拜师从来没有过，因为在科班里只认一个师父，原来是叶春善先生，后来叶龙章先生接手以后，叶春善先生升级成了师爷。可见这个时候毛世来先生的拜师，是组织行为，非出自本人的主动行为。虽然我们也看到毛世来先生的表演受到了尚小云先生的影响，尤其是他的眼神特别像尚小云。可是毛世来拜了尚小云先生之后，他脑子里清楚拜师的意义和本人专业的关系，并非自己今后要走尚派。后来他拜了梅兰芳先生，也是带有组织性的选择。毛世来先生的《木兰从军》，是梅兰芳和徐碧云两位先生路子的结合，也就是说毛世来先生在唱上，吸收了梅先生的东西，虽然拜师，但是"局部吸收"，吸收某些为他所用的因素，最后融合成毛世来的艺术。这个时候毛世来虽然没有拜筱翠花，而是拜了尚小云，不代表他对筱派改变了认识。因为毛世来还要学啊，而于连泉先生对他还是那么爱护，那么认真地教，应该说这是戏曲界的一种美德，这一点我深有体会。比如孙岳在中国戏曲学校，在我父亲（贯大元）这受益最多，而出了学校以后，组织上让他拜谭富英先生。孙岳来征求我父亲的意见，我父亲说了一句话:"出门另拜师,是符合常理的一件事儿,非常好。"于连泉先生何尝不是这种心情呢!

还有一点要知道,那个时候的花旦,有两杆大旗,一个是筱翠花,另外一个就是荀慧生。筱派多演少妇,虽然也有《小放牛》这样的戏,但是多以踩跷的形式,以《小上坟》为代表。而荀派戏大部分演少女,如《红楼二尤》《红娘》《花田错》等。荀派是以少女的人物形象为基础创作的表演风格,展现出一种娇憨活泼。而筱派无论是《翠屏山》还是《乌龙院》,总是带有一种风骚泼辣。荀派和筱派在审美的观点上和舞台呈现上是有不同的。

荀慧生先生的戏多是自家创新的剧目,荀先生的表演风格在当时的舞台,那就是新本子、新唱腔、新身段,崭新的舞台气象。1942年,毛世来先生22岁时拜了荀慧生先生。荀慧生先生给了他《红娘》《香罗带》《勘玉钏》《红楼二尤》四个剧本,这都有历史记载。从表面上看,毛世来先生从荀先生那里得到了什么呢?首先,获得了荀派戏的演出权。当时这方面也是很讲究的,是徒弟了,就可以大大方方演《红娘》《红楼二尤》等荀派戏。其次,我认为更重要的就是他可以自我解放了,把原来学的筱派表演技艺融入荀派的表演里去,利用荀派表演解放自我,力求变革。

大家给毛世来先生一个封号"小筱翠花",我认为这不是毛世来先生自己的评定。毛世来先生始终是守住本宗,谨慎扬弃。毛先生从来无一字说我要从筱派跨出去。他在舞台上,表演中显露出来的某些基础的东西,我们看到还是有很深的筱派艺术特点的。比如,他的强跷功、强身段、强眼神,这"三强"具有筱派表演风格最鲜明的特色。他把筱派的跷功、身段、眼神,表演上的细腻、精致、传神,这些筱派的灵魂,核心的成分,充分发挥在他的表演上。我总结毛世来先生的花旦表演有四个特色:第一是端庄。他的花旦戏不邪、不嗲。花旦要端庄,这是极不容易的。这正是因为毛世来先生受到梅派艺术的熏陶和教育。第二是娟秀。第三是玲珑，就是他的表演非常精巧。第四是艳丽。所以说毛世来先生的表演风格，是端庄、娟秀、玲珑、艳丽。这样的表演风格，呈现在他演的《翠屏山》《双钉记》中，就有一个很高的艺术档次。比如他演的剧中人物那种难以压抑的思春之情，不会让观众感觉这是个轻浮之人。我认为这是演员很难达到的一个境界。

最后说一点，毛世来先生这样的追求，这样的努力，我觉得应该对今天的京剧青年演员的艺术道路有更大的启发。毛世来先生自主拜师第一位是赵桐珊。那个时候，他不到 19 岁，相当于现在刚刚进入大一的学生。毛世来先生能在这个年龄段，对自己有一个明智的、清晰的认识，拥有开阔的胸怀，我感觉这种精神，是需要我们现在的年轻人好好学习的。现在的青年演员，要选宗某一派，我们讲首先必须符合学这一流派的条件，同时必须有对这一流派的兴趣，对艺术的追求和前辈是一致的，还要知道如何塑造自我，走好自己的路。现在的有些舆论不是很好，要求京剧演员必须宗一派，在继承流派的过程中，这个说你改了是不对的，那个说你没改不对，怎么都不对。而毛世来先生的时代，就是自己做好了，我怎么都对。因此我的结论，你得必须台上开花才对。没有台上的光彩，你就什么都不对。所以，毛世来先生对艺术道路的选择和追求为今天的京剧演员起到了示范和引领的作用。

贯涌　中国戏曲学院原副院长、戏曲文学系主任，研究员

多流派的继承和发扬者

张永和

1961年，我去了刚刚建院不久的吉林省京剧院任编剧，有幸和毛世来先生相识。那时毛世来先生已经不在院里任院长了，到了吉林省戏曲学校任副校长，我们都称他为毛校长，他担负培养京剧继承人的重任，大家很为他高兴。

毛世来先生是一位全面发展的京剧表演艺术家。他是梅兰芳、尚小云、荀慧生、筱翠花四位大师的得意门生。还有位又能唱又能教，又能当主演唱一出，又能够给四大名旦充当硬配角，文武昆乱不挡，艺名"芙蓉草"的赵桐珊先生，他也是磕过头拜过师的。毛世来对这五位大师唯独有一位没磕过头，是他唱人家戏最多的筱派创始人筱翠花。这是什么情况呀？原来毛世来在富连成坐科时，虽然世字科文武学员人才济济，但主要顶梁柱是唱青衣的李世芳和唱花旦的毛世来。后来富连成一度出现危机，尚小云仗义援助富社，给科班排了许多尚派的独门本戏，并收李世芳和毛世来为徒。后来梅兰芳也来援助富连成，也收李世芳和毛世来还有其他的学员为徒。所以毛世来都给这两位老师磕过头，后来毛世来主唱花旦，但对梅派和尚派戏从未涉猎过。毛世来出科以后，因为唱了荀、赵两派不少的戏，还有学习人家台上演戏的技巧，所以也是磕头拜过师的。那么为什么没有磕头拜筱翠花呢？按说这两人是从一个科班出来的，关系应该是最近的，怎么倒成了唯一没磕头拜师的呢？毛世来是个有主见的人，虽然他唱的花旦戏中筱派的居多，但那时他就想有所突破，走自己的路。如果拜了筱先生，就得按人家的路子，亦步亦趋地走，会影响他的创新。所以他没有磕头拜师，可是这并不妨碍他宗筱派唱筱先生的戏。

毛世来在科班的时候，学过武生，学过小生，后来才学花旦。他又拜过这么多位老师，所以他身上所会的剧目太多了。要演出这么多剧目，必须文武兼备，昆乱不挡。他做到了，这是十分了不起的，也是十分罕见的。

在他任北京和平京剧团团长时，我看过他所演出的很多剧目。20世纪50年代中期，他曾加入过以名武生李万春先生领衔的北京京剧一团。当时阵容非常强大。我看了他们不少经典剧目，如和李万春、李小春、宋宝罗、李庆春、毛庆来等合作演出的新编戏《戚继光斩子》。毛世来扮演戚夫人，原排是李砚秀扮演这个角色，所以在戏中没有安排戚夫人武打的场面，只是在最后"斩子"这一场有大段的唱念。毛世来也是按照原来的路子演出，没有安排展示他武技特长的场面。他穿上特制的合体铠甲的服装，身材婀娜多姿，"斩子"一场和爱子戚印分别时，声泪俱下，人物塑造非常形象，很是感人。这出戏还有一些地方给我留下很深的印象。比如李庆春、毛庆来扮演的倭寇，和戚继光的兵丁在水中开打时的一些场面：倭寇穿着特制的海盗服装，化装也很像古画中的倭寇，于中擎着新制作的倭刀，在和戚兵打斗时，真杀真砍刀光烁烁，配合舞台上新制作的水灯，光柱闪烁不定，非常像水中的浪花，双方激烈地对打特别震撼，至今我还有很深刻的记忆。

毛先生和宋宝罗、曹艺斌等艺术家合作演出的《黄鹤楼》，我去看了。毛世来先生反串周瑜，宋宝罗先生的刘备，曹艺斌先生的赵云，那真是珠联璧合。毛先生在科班时学过小生，唱过不少小生戏，所以是很有基础的。那天他扮演的周瑜充分展示了雉尾生深厚的功力，唱、念、做、打样样精通，特别是翎子功令人拍案叫绝，脸上各种不同情绪的表情，都惟妙惟肖，恰到好处。宋宝罗扮演的刘备嗓子非常好，高亢嘹亮，又会做戏，演的刘备极其形象。宗唐（韵笙）派的曹艺斌，非常会刻画人物，这是唐派的特点。

赵云的功架，开合得体，很有常胜将军的气魄，那天的观众得到了极大的艺术享受。

我看和平京剧团毛世来先生的戏，大多是在中和戏院。其中有王派杰作《棋盘山》、荀派的《得意缘》、全部《大英杰烈》等好戏。他在《棋盘山》中，扮演窦仙童，二旦朱桂华扮演薛金莲。两个人演的人物性格都非常鲜明。窦仙童的豁达精明，薛金莲的小气矫情，既深刻又准确。毛先生在这出戏中的念白，是字字干脆利落，甜美有味，和薛丁山、薛金莲的开打，一对双刀舞起来很美，很能展现他深厚的武功基础，唱念做打尽展王派所长。他演的《大英杰烈》中《铁弓缘》一折，走的是荀派和筱派结合的路子。后面的戏更加精彩，特别是女扮男装成武将以后，扎大靠的"起霸"，举手投足，均有尺寸，腰腿也有功夫。后面唱的小生[娃娃调]，要调门有调门，要韵味有韵味，是学有所宗。后面和武生常长升扮演的王甫刚的开打也很精彩，双枪并举，打了个风雨不透。这几出戏所宗荀、筱两派，不但没丢了精华，而且根据自己的条件有所发展。

在北京我看毛先生的戏很多，其中有几出戏我要特别介绍一下。一出是1957年，我在中和戏院看他的《马思远》。再后来，这出戏就再没有呈现在舞台上。当年这是田桂凤、路三宝和筱翠花的拿手戏。毛先生在表演上确实有很多特色，能够把昔日那些位老花旦艺术家的很多绝活展现出来。我还看了《大劈棺》。从内容上看，男主角庄周，是一个不拿女性当人看的心理障碍者，而女主角田氏也是一个毫无人性的角色。在表演方面，演田氏需要踩跷。毛世来当年在科班演踩跷戏是很有名的。这出戏他当然是要踩跷的。最后一场戏的劈棺，他是有技巧的，当田氏挥斧子劈下去，庄周突然从棺中坐起来，毛世来扮演的田氏，要从高桌上一个"抢背"翻下来，接着走一排"乌龙绞柱"。这当然是需要有很深的幼功，才能完成这些高难动作的。虽然这些戏尽管有一些繁难技巧的展现，但这样内容的戏实在是没有必要再传承。

我还看过毛世来先生一出特别好的戏《南界关》。这原是富连成科班挖掘的一出老戏。唱、念、做、打这些审美考量都有所展现。和平京剧团，排出最佳阵容。毛世来扮演第一主角徐金花，知名余派老生万啸甫扮演刘仁瞻，名净文金涛（后易名文涛）扮演赵匡胤。两个反派人物，朱桂华扮演花迎春，刘鸣才扮演何延锡，演员都很称职。毛世来先生在这出戏中，前文后武，"巡营"一场，毛世来先生的徐金花反串小生，唱小生[娃娃调]，柔中有刚、妩媚中有一股力道和韵味，大家都赞不绝口。后面徐金花的"背子救夫"是武场子，和敌方兵将的开打也是颇有章法，身穿软靠，手擎绣鸾刀，很有大武旦的派头。著名武净郝鸣超扮演的敌将，一个[四击头]后，只见郝鸣超扮演的这个敌将，手持大刀，扎着硬靠，走了一个又脆又快的硬"抢背"，赢得观众热烈掌声。时间虽然过去快六十年了，但这个场面我依然印象深刻。双方交战结束后，徐金花"刀下场"，一柄长刀在头前背后，抡动如飞，如片片飞花，观众同样给予热烈的掌声。这出戏好像是在和平京剧团离开北京去往吉林长春前，留给北京观众最佳的纪念。

这出好戏，自从和平京剧团被调往东北以后，几十年来就再没有呈现在首都舞台上，这不能不说是一个损失。前几年这出戏被中国京剧艺术基金会给挖掘出来，并且去芜存精，进行了创造性的转化改编，在黑龙江省京剧院演出了。优秀青年旦行演员张欢扮演主角徐金花。张欢是邢美珠的学生，而邢美珠又是毛世来先生的弟子，因此张欢是毛世来先生的再传弟子。为了使这出戏呈现一个新面貌，黑龙江省京剧院还邀请中国京剧基金会的领导和笔者到哈尔滨观看演出并举行座谈会。黑龙江省京剧院演出了改编后的《南界关》，在剧本改编上，在舞台呈现上，继承了老戏翻新这样的好传统，也成为中国京剧艺术基金会挖掘老戏的一个成功的典型。

20世纪60年代初，我到了吉林省京剧院以后，在1962年的春节，看了毛校长演出的一出非常精彩的老戏《梅玉配》。毛世来先生联合了省京剧院王玉蓉院长、省戏校贾多才先生等老艺术家，还有原和平京剧团现已是省京剧院的一些主演朱鸣秀、刘鸣才、祁树春等通力合作演出，真是一出好戏。毛校长扮演嫂子韩翠珠，王院长扮演小姐苏玉莲，贾多才扮演黄婆。这出戏是王瑶卿先生的独门本戏。毛校长那天穿旗装，梳两把头、穿花盆底旗鞋，走起路来婀娜多姿，非常美。念京白爽脆流利，甜润潇洒，非常符合大宅门里大奶奶的身份和口吻，人物塑造鲜明极了，完全是王派的风范。而王玉蓉院长扮演苏玉莲，虽然她年近六旬，但是依然是铁嗓钢喉，嗓音宽厚嘹亮，唱得非常有韵味。念白虽然是韵白，但是还有一点淡淡的南方的音韵，非常有大小姐派头。全剧的演出都特别精彩，尤其是最后一场，黄婆叙述苏玉莲和徐廷梅公子这一对恋人其恋情的整个经过时，还发生了一个挺有意思的故事。扮演黄婆的是丑行艺术家贾多才先生，贾多才先生一向以演婆子戏最佳，为人所称道。这个黄婆也是昔日饱受观众喜欢的角色。按规定，叙述这段历史时，黄婆是跪着的。这一段文字很长，当说到一半的时候，贾多才先生一下站了起来。台下的观众不知怎么回事儿，全场一下静了下来。聪明的毛校长，根据他多年的舞台经验，马上笑着补了一句："您这是怎么回事儿啊？跪着跪着怎么'噌'地一下就站起来了，吓了我一跳。"贾老也随机应变地说："实在对不起您了，我这个高血压呀，老这么跪着受不了。我有点儿晕，干脆我站着说得了，成不成？"毛校长马上说："那太行了，要不然再给您搬一座，您坐着说也行。"台底下一阵哄笑，并且给予掌声。原来这一年贾多才先生已经是 67 岁了，平时身体不太好，为了这出戏的高质量演出，他是带病演出的。这事儿至今 60 年了，当年的情景历历在目，这说明老艺术家的功力有多深，台上出了错，大伙互相包着，不但不会得"倒好"，把正好还赢了下来。所以，当前的年轻合作者，要学习老艺术家的这种互相包容，一台无二戏的精神。

毛先生不但是"四小名旦"之一，而且是通才。2021年是毛世来先生诞辰100周年，吉林省京剧院和吉林艺术学院举办纪念活动，这是非常有意义的。京剧的后学者要好好学习毛先生的吸收多流派、刻苦学习、守正创新的精神，练就文武兼备、昆乱不挡的过硬本领，继承毛先生那些树德育人的优良传统。希望吉林艺术学院能够再培养出一些毛世来先生艺术的继承者，使吉林省的戏曲之花开得更辉煌灿烂。

张永和　国家一级编剧，北京《新剧本》杂志原副主编

后无来者

孙元喜

毛世来先生9岁入富连成科班学花旦和武旦，跷功可谓他的绝活儿，14岁以一出《铁弓缘》赢得了"小筱翠花"的美誉。在科班，他得到了萧长华、筱翠花、萧连芳等诸多老师的培养，1936年就成为"四小名旦"之一，19岁出科自己组班和平社，直到中华人民共和国成立后组建和平京剧团，将近二十年里演出不衰，直到1958年赴吉林为止。毛世来先生的艺术可谓"后无来者"。

毛先生博采众长、转益多师，在科班就拜尚小云和梅兰芳二位大师为师，出科后又拜荀慧生、赵桐珊两位先生为师，"正乐三杰"都成了他的老师。各个流派剧目他都能根据自身条件继承、发展、创新，他的跷功在当时可称第一，凡戏都踩跷。一出《小上坟》红遍全国，改名《飞飞飞》。又如《大劈棺》中田氏劈棺一场，在三锣中，桌上起范"倒插虎"，"抢背"落地变"屁股座子"。我见过很多田氏，唯有世来先生有此独门绝技。在《刺巴杰》中，他扮演九奶奶耍大杠子，踩跷走"铁门槛"。世来先生每出戏都有独到之处，所以我不敢说前无古人，但敢说他的艺术特色后无来者。

毛先生的剧目中，只有《十三妹》的何玉凤不踩跷，就连唱荀派的名剧，如《红娘》《红楼二尤》等戏都踩跷。武戏《穆桂英大破天门阵》中，开打时配角都跟不上世来先生，可见他的脚下功夫之深。所以世来先生红遍北京、天津、上海、山东、湖南、江苏、湖北等地，20年长盛不衰。

傍世来先生的演员，以及他的合作者，也都是很有名气的艺术家：老生有贯盛习、沙世鑫、管绍华、贾少棠、郭和咏、万啸甫、哈宝山等；武生有高盛麟、钟鸣岐、江世升、袁世涌、常长升、马鸣喆等；小生有江世玉、储金鹏、高维廉、王世霞、朱鸣秀等；二旦有朱桂芳、张蝶芬、任志秋、朱桂华等；花脸有马连昆、苏连汉、刘盛常、王泉奎等；丑行有慈少泉、贯盛吉、詹世辅、艾世菊、张世年、罗世保等。合作者包括李万春、叶盛章、叶盛兰和曹艺斌等。

毛世来先生演出的剧目，据我所知有：筱派的全部剧目如《乌龙院》《翠屏山》《战宛城》《红梅阁》《大劈棺》《潘金莲》《小上坟》《双钉记》《马思远》《打樱桃》《打刀》《打面缸》《打杠子》《打灶王》《一匹布》《荷珠配》《下河南》《双摇会》《背娃入府》《十二红》等；荀派的《红娘》《红楼二尤》《香罗带》《英杰烈》《勘玉钏》《花田八错》《棋盘山》《浣花溪》《元宵谜》《胭脂虎》《游龙戏凤》《十三妹》《霍小玉》等；尚派的《玉虎坠》《梅玉配》《昆仑剑侠图》《贵妃醉酒》等；科班的《穆桂英大破天门阵》《樊梨花》《玉堂春》《四郎探母》《刺巴杰》《巴骆和》《吕布与貂蝉》《拾玉镯》《法门寺》《白蛇传》《得意缘》《玉玲珑》《辛安驿》《群英会》《南界关》《珠帘寨》等。

这次纪念毛世来先生，我为什么由天津赶来，就像贯涌兄说的，在这方面我们可以说是心有灵犀一点通了，因为毛先生也是我的偶像。

现在健在的人里面，我是看毛世来先生戏比较多的一个了，我看过他100多出戏。还记得第一次看毛世来先生的戏是在开明戏院，剧目是《樊梨花》。我们现在演的《樊梨花》都是"三休三请"，世来老师不是。他是《樊梨花下山》《马上缘》《姑嫂英雄》《锁阳关救驾》，贯盛习老师后面开打，可以说这是世来老师的独有剧目。这是我第一次看到踩跷开打，那个"溜劲儿"就别提了。我之前没见过这么踩跷的，小时候听说过，在永春社也看过，但没太注意，而世来先生这出戏让我注意了。

为什么我对世来先生这样尊重，这样崇拜？因为世来先生是一个全方位承上启下的演员，他继承、发展、创新。而且在博采众长、兼收并蓄这方面，世来先生是个典范。梅、尚、荀、筱、赵这五位老师的戏，他全拿过来，而且哪一出戏都有自己的特色。

从20世纪40年代到50年代初，他演出都踩跷，包括像《红娘》《红楼二尤》《霍小玉》这些戏。世来先生两个眼睛会说话，眼睛是心灵的窗户，花旦台上眼睛不会表演就不叫花旦。世来先生的跷功，现在回忆起来，可以说超过筱老板。中华人民共和国成立以后，废除跷功，但毛世来先生能演的戏仍然很多，有荀派戏，也有他独有的本戏。陈永玲二哥后来把跷功恢复起来，我跟他说："你还没扔，恢复得不错。"他说："我的跷功要比起世来师哥，只有他十分之一。"这说明毛先生的跷功到了一定的高度，他演的都是吃功夫的戏。最令我难以忘怀的是《飞飞飞》，那真是满台飞，当时只要一演《飞飞飞》，肯定满座。

跷功是京剧表演艺术的一个特色，后来大多数是软跷，毛世来先生是硬跷，所以他的和平社非常叫座，到了和平京剧团时期，市场最不好的时候，也能上六七成座。

他还能演小生，《群英会》周瑜舞剑我也看过，后面演《红娘》，再演《吕布与貂蝉》。他前面演貂蝉，到了《白门楼》他演吕布，比真正的小生唱得还好。周瑜的舞剑也不次于当时的小生名家，所以我说毛世来先生真是后无来者，这个真不夸张。他的《南界关》，二旦是朱桂华，朱桂华也是男旦，傍毛先生多年。现在恢复了这出戏，但还没有达到毛先生当年的水平。1958年，他响应号召去了吉林，当时跟着去的万啸甫、王兰香、常长升都和我关系很好，他们都带着家属过去的。后来在北京知道毛世来先生的人就少了，他如果留在北京，影响力恐怕要比现在大得多，现在只有圈内人知道他了。后来他到了东北，39岁就离开舞台，很是遗憾。所以我说应当多讲一下毛世来先生,今天能够参加这个研讨会,并且谈一谈毛世来先生,我感到无限的荣幸。

孙元喜　天津京剧院艺术顾问,国家一级演员

毛世来先生的艺术精神永远值得我们学习

王玉珍

中国京剧艺术基金会、吉林省京剧院、吉林艺术学院举办纪念毛世来先生诞辰100周年活动，我觉得非常有意义。参加纪念座谈会，听各位专家的发言，对于我来说是一种学习。因为我这个年龄根本不可能接触到毛世来先生，也没有看过他的演出，所以没有什么更多的感受。我觉得像这样一位艺术家，大家了解不多，这是一个很大的遗憾。我是从中国京剧艺术基金会实施挖掘抢救整理传统剧目，黑龙江省京剧院申报《南界关》这出戏以后，开始对毛世来老师有了一些了解。通过对《南界关》剧目的挖掘整理，我感受到毛世来先生是多么了不起。

我请中国戏曲学院的陆建荣老师参加今天的座谈会，陆老师今天上午有事实在是来不了，他让我代为转达两件事：第一件事，陆老师就说毛世来先生在舞台上红遍大江南北，是因为毛世来先生有非常鲜明的艺术特色，他是文武兼备、昆乱不挡的一位大艺术家。他的跷功是非常过硬的，腰里的劲头也特别好，因此有好多绝活。毛先生不但自己在艺术上精益求精，还非常提携后生。陆建荣老师是荣春社的，荣春社科班里有一位崔荣英，还有一位叫尚荣芳，这两位的条件各方面都不错，毛世来先生就把自己的一些戏，亲自说给他们。所以尚荣芳先生从扮相和表演风格都很像毛世来先生。毛世来先生在传承方面力推青年人，这是第一个值得我们学习的地方。第二件事，就是毛世来先生在艺术上不保守，而且特别与时俱进。1964年是全国京剧现代戏会演，毛先生已经到了吉林省戏曲学校当副校长了，他们学了很多现代戏，其中有一出现代戏叫《天天向上》。这出戏的思想内容特别好，毛世来先生就全力以赴，举全校之力去排。这出戏演出时场场爆满，毛先生就说要把这出戏拍成电影，这样就能让更多的人看见。

我到中国京剧艺术基金会工作以后，感到一项非常紧迫的工作就是提高京剧专业中青年教师教学水平。中国京剧艺术基金会实施"京剧艺术传承与保护工程"的主要内容，一个是"老艺术家谈戏说艺"，后来延伸到挖掘整理传统剧目，一个是对京剧专业中青年师资的培训。毛世来先生在吉林省戏曲学校当副校长的时候，他就请了很多京剧名家去教学，对老师的要求标准极其高，授课老师得扮上戏，上台表演要教的剧目，让专家看看去教学合不合格。如果这位老师浑身都是毛病就不能去教学。就这一点，我就特别有感触，基本功从学生抓起，学校就是要好好打基础，如果老师身上都是毛病，这基础怎么打。所以毛先生在20世纪60年代就能看到这一点，对待艺术这样认真，对艺术要求这样严格，这样的学校培养学生能不成才吗？另外说一下毛先生的艺术，因为我最近听了一个毛世来先生演唱的资料，嗓子特别好。唱花旦的能够做到中规中矩，大大方方。都说毛先生身段强，跷功强，眼神强，之所以成为"四小名旦"，就是他的每出戏都有绝活，而且他的绝活还不是为了卖艺，是根据塑造人物的需要精准表演。毛先生那跷功，文戏武戏都踩着。后来毛莲莲老师说，毛先生的《龙潭鲍骆》走铁门槛踩着跷，就觉得是不可想象的，他的《南界关》跪在台板起个"硬抢背"，这腰里劲可真是令人惊叹，这就说明基本功太过硬了，太强了。他所有的戏，不管是文戏还是武戏，昆乱不挡。能做到这样基本功太好了，要什么有什么，都是绝活。而现在毛世来先生的戏传得少，就是我们现在的演员没有那么过硬的技巧，所以就没办法去继承。

毛世来先生不论是作为艺术家，还是教育家，都为我们这些后人做出了典范。毛世来先生是真正做到了戏比天大、艺无止境，他对自己有非常正确的认识，而且向这个目标不断努力，这种艺术精神永远值得我们京剧人学习。

王玉珍　任北京京剧院原院长、中国京剧艺术基金会理事长

回忆毛世来先生在吉林

杨振东

1958年，毛世来先生响应党的号召，携全家老幼，带领北京和平京剧团全体演职员，离开故土北京，奔赴吉林省长春市，支援当地文化建设。

和平京剧团的成员，包括王瑶卿先生门徒著名演员王玉蓉，梅派名旦梁小鸾，名旦倪兰萍和王兰香，还有毛世来先生的大哥武生兼武花脸毛庆来先生，武生常长升、马鸣喆，余派老生万啸甫，马派老生丁英琦，名老生祁树春，名小生朱鸣秀、金妙声，大丑刘鸣才，多才多艺的丑行郝鸣超，铜锤架子花脸文涛等各位老师。可以说行当齐全、阵容强大，皆是北京京剧界青壮年中卓有艺术建树的骨干力量。

鼓师有杨振东、关少峰、贡振山；琴师有李金庸、徐惠民、刘玉仲；二胡有冯绍贤、沪之盛。在北京前门老火车站启程前，各方面人士送行空前，各自三五成群叙旧，甚是热络。次日，顺利到达火车终点站长春市。省委宣传部、省文化局、省直文艺界各团代表来欢迎接待。安置好住处，每隔三五日，省部局领导便来走访，慰问大家。吉林省京剧团在组建筹备时，来自哈尔滨的铜锤花脸成翼德夫妻，来自吉林市名武生陈金柏，来自南方的名武生廖英鹤等均调入该团充实演员阵容。还特邀了老一代名丑贾多才先生和号称"花锣"的余武先生。

今天的吉林省京剧院，前身即是1958年以毛世来先生为首创建的吉林省京剧团。毛世来先生任该团团长。毛世来在省委宣传部、省文化局领导下，启动开展党团组织建设，派党员干部王鸣一同志任党组书记兼行政团长，老周同志任人事处主任兼共青团支部书记。

1958年9月，毛世来带领演职人员在长春市大众场公演三天晚场，宣告吉林省京剧团正式成立。第一天是毛世来先生的代表剧目《棋盘山》，由朱鸣秀、王兰香、郝鸣超等配演。贴轴戏是倪兰萍老师主演《贵妃醉酒》，由金妙声、刘鸣才二位老师配演。开场冒戏是由文涛、马鸣喆二位老师主演的《清风寨》。第二天晚场是流派纷呈的演出，由常长升、郝鸣超二位老师主演《白水滩》，梁小鸾、万啸甫二位老师主演《武家坡》，毛世来先生主演《银空山》，由朱鸣秀、祁树春二位老师等人配演。大轴戏是王玉蓉、丁英琦、王兰香等各位老师合演的《大登殿》。第三天在大众剧场最后一场戏是由毛庆来先生主演，各位老师配演的《八门金锁阵》。梁小鸾老师主演，文涛等老师配演的《宇宙锋》。王玉蓉、万啸甫、成翼德三位老师主演的《二进宫》。大轴"蹲底"戏是毛世来先生的代表作《小上坟》，由郝鸣超老师等人配演。

吉林省京剧团在长春大众剧场连续三天的开局演，在社会上产生很大影响，深受观众欢迎，场场爆满，剧场内拥挤不堪，热烈掌声一浪胜过一浪。尤其是毛世来先生的代表作《棋盘山》真可谓京派正宗，青出于蓝而胜于蓝。虽说"刀马花旦"不以唱为主，但毛世来先生的唱念韵味甜美，吐字清脆，武功灵、敏、稳、俏、帅，具有深厚扎实的底蕴功力。《棋盘山》全戏中每位角色的气质光彩，以及整个舞台风格，充分凸显着京剧大班派风范，令人感到毛世来先生的《棋盘山》与众不同，确实有他自己的独到之处，不愧是毛世来先生的经典剧目。

毛世来先生的《银空山》与大路演法大同小异，但好就好在"小异"。《穆柯寨》的穆桂英初期乃山林草寇，毛世来先生展现的代战公主则是西凉皇家指挥千军万马的统兵元帅。他表演得既欢快稳重，又威武凛然，气宇非凡。熟悉《银空山》的人们观看后，均赞不绝口。说到这里，想起也曾看过黑龙江省京剧院青年主演张欢演的《银空山》，她扮演的代战公主，举止到位，仿佛又看到毛世来先生舞台上的身影。

毛世来先生的《小上坟》令人印象深刻，他扮演的剧中人萧素贞，出场的跷功脚下干净利索，犹如行云流水，身段功架恰似风摆春柳，更兼眉目传神。"亮相"优美漂亮，技巧施展适度恰当，曲调演唱，字韵流畅，展示出满台光彩，获得观众雷鸣般的掌声。郝鸣超配演的刘禄景嗓音洪亮，虽是丑角，却表演大气，配合默契。虽然只有两位演员，却处处闪烁精彩亮点。

在吉林省委、省政府的关心下，省京剧团每周日到省直属机关单位、企业工厂，以及当地铁路局做巡回慰问演出，同时宣告吉林省京剧团的成立。省委宣传部、省文化局领导为使省京剧团人员安心工作，解除后顾之忧，特批为其建家属宿舍楼，美其名曰"北京村"。并且购买木材供各家需要自选样式打制家具。同时把省直俱乐部给省京剧团供日常排练与公演使用，等待新剧场建成。时任省委宣传部部长宋振庭因喜爱京剧，常抽空过来在舞台上场门侧往里面看，来去不惊动任何人。那时还以团带班，招考男女学员，由毛世来先生担任基功调练及课导。

1958年国庆节临近之际，毛世来先生以另一出代表作《南界关》作为献礼剧目，得到了上级领导高度重视。

《南界关》又名《战寿春》，是富连成的独有剧目，亦是毛世来先生的拿手好戏。主人公徐金花属文武兼备，因此要求唱、念、做、打俱佳，难度较大。"四功"不全面的演员难以胜任徐金花这一角色，所以很少有人出演此角色。于是该剧成为毛世来先生的代表名剧。毛世来先生主演徐金花，毛庆来先生主演高怀亮，万啸甫先生饰演刘仁瞻，王兰香饰演花迎春，刘鸣才饰演何延锡，郝鸣超饰演李重进，文涛饰演赵匡胤。这出戏不仅要求武功力度方面有功夫，亦对唱功要求甚高，即这是一出"四功"出色的好戏。毛世来先生虽不专以唱功戏为强项，但他对唱腔和字韵深有研究，有自己的声腔、韵味特色，颇为讲究。毛先生经常说："要唱给观众，悦耳好听，要唱戏不要喊戏。"

徐金花和高怀亮对阵交锋时，徐金花边打边唱，高怀亮配合默契。两位毛先生对打时，脚步有章法，身上强劲飘洒，旋转如飞。手里执枪刺杀套路干净利落，真乃珠联璧合。当二人"亮相"前，毛庆来先生摔了个"小肘棒子"，精彩漂亮，全场沸腾。

毛世来团长坚持紧跟文艺发展形势，北京上演《望江亭》，该团就扶持倪兰萍上演《望江亭》；北京演《赤壁之战》，该团就组合丁英琦、万啸甫、祁树春、金妙声、文涛、刘鸣才等演员排练上演了《赤壁之战》。1958年12月上山下乡，由吉林省委领导率吉林省京剧团赶赴磐石、梅河口、延吉、通化、吉林等地慰问当地政府机关、工农业、企业矿山和当地居民、部队官兵，并在通化市欢度春节。

1959年春，全团建立每个人员的自身档案，确定人员编制，其中包括团带班学员编制。此时在毛世来先生授艺下的学员已初见成效，安排其中优秀学员排练新编历史剧目《十小战辽王》，准备参加本省会演。

此次会演中，辽源市京剧团参演的现代戏《智擒惯匪座山雕》被评为优秀剧目，吉林省推荐该现代戏进京参加全国戏曲汇演。但该剧中主演和乐队较弱。省委宣传部决定省京剧团协同辽源市京剧团合力排演此剧目，毛世来团长很重视，由祁树春饰杨子荣、文涛饰座山雕，鼓师杨振东司鼓兼音乐设计，两团合力排演此戏。

1959年5月，吉林省京剧团全团评定职称，晋入文艺级。11月毛世来先生率团到哈尔滨市公演，受到热烈欢迎，随之在1960年又到沈阳市公演，同样受到观众热烈欢迎。两次公演展示了吉林省京剧团的名家阵容与艺术水平实力，获得了社会和经济效益双丰收。

毛世来先生一身正气，心地善良，待人诚恳守信，珍爱人才，完全是京剧大家的风度气魄。今天纪念毛世来先生诞辰百年，不仅追思他身怀高超绝技艺术，尤为缅怀他热爱共产党，热爱社会主义，专心致力于京剧艺术的奉献精神。他始终听党话，沿着党指引的道路向前努力。

毛世来先生遵从党的部署安排，带动北京和平京剧团全体人员在吉林省京剧团站稳脚跟，为日后发展成为吉林省京剧院奠定了坚实的基础。

毛世来先生忠诚党的文艺事业，在任团长时，不仅率团参加演出，还精心培育学员高小萍、王晓菊、王小娟、毛莲莲等。1981年，邢美珠、贾喜麟二人到达长春市，有缘结识了毛世来先生，毛先生珍爱他夫妻人品好、有才华，亲传经典剧目，倾囊授艺，为二人继承京剧艺术，以及二人丰富自身艺术，创造了极其有利的条件，二人至今不忘师恩。

值此纪念毛世来先生百年诞辰之际，衷心祝愿他的艺术世代流传。

杨振东　一级鼓师

沿着前辈的足迹前进

张欢

各位前辈、各位专家，大家好！很荣幸能够有机会在毛世来先生诞辰100周年之际，参加纪念毛世来先生艺术研讨会。非常感谢各位前辈对我的关心和厚爱，在我的艺术成长道路上，给予我很多鼓励和帮助。我的师父邢美珠老师曾拜毛世来先生为师。自跟师父学戏起，便经常听师父和师爹讲起毛世来先生的故事。从师父对我的言传身教中，能够深深地感觉到毛世来先生的高尚艺德，以及先生对于师父邢美珠老师从艺道路的深刻影响。跟师父学戏时我总会很紧张，因为师父对我有严格的要求，我明白，师父是在用她的敬业和严谨来熏陶我、影响我，让我从一棵小树苗慢慢长成挺拔的大树。她告诉我，当年她就是在恩师毛世来先生的耳濡目染下，才加倍努力取得了后来的成绩。这让我在心底根植了对老艺术家的敬仰之情，也坚定了我走好自己艺术之路的信念。

2016年，在黑龙江省文化厅和黑龙江省京剧院的大力支持下，师父邢美珠老师将毛世来先生濒临失传的剧目《南界关》传授给我。黑龙江省京剧院将挖掘整理的《南界关》申报了中国京剧艺术基金会挖掘抢救整理传统剧目项目，成为首批入选剧目之一。在当今戏曲舞台上，毛世来先生的代表剧目基本失传，文字记载也不是很多。《南界关》这出戏传承脉络清晰，20世纪80年代初，我师父邢美珠老师拜毛世来先生为师，师父在吉林演出过此剧，距今已时隔30多年。师爹贾喜麟老师于1983年协助毛世来先生重新整理、改编了《南界关》剧本。很有幸，我作为传承人学习了这出戏。

《南界关》又名《战寿春》,该剧年代久远,早年与"四大名旦"并称"五大名伶"的徐碧云擅演,是富连成科班的保留剧目。经过萧长华、萧连芳等前辈传授,后来成为"四小名旦"之一毛世来先生的代表剧目,该戏文武并重,以前皮黄后昆曲、前青衣后刀马旦的特点和精湛的跷功著称。

整理复排《南界关》这出戏历时三年时间,并受到了中国京剧艺术基金会的重视,也得到了毛世来先生家人的大力支持。先生的家人给我们提供了很多珍贵的历史资料,还曾在哈尔滨、北京、上海三地召开了多场剧目研讨会,通过不断研讨和反复排演,最终将原来演出 6 个小时的剧目缩短成 2 小时 30 分。其中凝聚着师父邢美珠、师爹贾喜麟和王玉珍、张建国、谢锐青、赵景勃、张永和、石宏图、叶红珠、洪业、张景林,以及故去的曹宝荣老师等众多业内专家老师的智慧和心血。2017 年 12 月 13 日,黑龙江省京剧院复排的《南界关》在北京梅兰芳大剧院首演,近 30 位年逾古稀的老艺术家、专家到现场观看演出并参加首演研讨会,对该戏给予高度认可。2018 年,《南界关》再次获得中国京剧艺术基金会挖掘抢救整理传统剧目项目滚动资助,并在北京长安大戏院再次公演,一位戏迷激动地说,《南界关》2017 年在梅兰芳大剧院首演没能看到,2018 年又在长安大戏院演出,他早早就预订好了票等待观看。

《南界关》这出戏,前半部以青衣、花衫为主,后半部以刀马、武旦应工。整出戏包含几番大开打和"鞭挂子",载歌载舞,最后的背子起霸、大战、闯营,唱、念、做、打十分繁重、吃功。在挖掘整理过程中,师父拿出毛世来先生给师父说戏的珍贵录音让我学习,里面清晰地记录着师父学戏的那段历程,大段的西皮慢板、原板、二六、二黄导板、回龙、三眼、原板、四平调等唱段,细腻深沉、委婉缠绵,柔婉中蕴含着刚毅、纤巧中透着灵气,恰到好处地展示了徐金花忧国忧民的感情。毛世来先生强调要唱有情之曲,根据徐金花的身份、性格、处境和心情,要替人物说话,向观众诉说内心的情感，只有声音和感情融为一体时，做到声情并茂，演唱才能富有艺术生命力，才能感染观众。

后半部集中安排了［得胜令］［醉花阴］［喜迁莺］［刮地风］［水仙子］等成套曲牌。因为毛世来先生擅长跷功，所以旋转的动作很多，记得师爹和毛世来先生的女儿毛莲莲姑姑一起回忆［得胜令］时，在边唱边打的过程中有一个动作，手上的枪正"托塔"，脚下要单脚反转两周，这是个技术含量相当高的动作。听师父邢美珠老师讲，毛世来先生曾经和师父讲过他练"硬跷"的经历，一开始站不稳、立不直，每天都摔得鼻青脸肿，脚趾像针扎一样疼，脚背火辣辣的，浑身上下不住地颤抖，汗水、泪水、鼻涕一起往下流。先生练站方砖、站三条腿的桌子、站缸沿，窄窄的缸沿，正常人脚都站不稳，何况是木质的假脚呢！在常人看来，这些似乎是只有在电影里才能看到的片段，其实就发生在前辈艺术家的身上。让我们对老艺术家的敬业精神充满敬意，他们为我们生活在当今的年轻一辈京剧演员树立了光辉的榜样，时刻提醒我们要牢记传承京剧艺术的使命。

李金鸿先生，曾写过一篇题为《好戏绝响成大憾》的文章纪念和缅怀毛世来先生，提及学习《南界关》这出戏，他这样写道："前辈艺人创造了许许多多的艺术精华，年轻的后学者如能让这些学术精华不再失传，这是对已故者的最好的纪念。"我觉得自己非常幸运，能够有机会传承《南界关》这出戏，我深知在艺术造诣上，前辈们的高度是我无法企及的，我敬仰前辈们的艺德，我会把前辈勇往直前的精神作为我奋斗追求的目标，踏踏实实学习，提升专业本领，努力担起京剧艺术工作者的使命，传承京剧艺术，弘扬中华民族的优秀传统文化。

张欢　黑龙江省京剧院副院长、国家一级演员

走"进"毛世来

封杰

2021年是京剧"四小名旦"之一的毛世来先生诞辰100周年，恰巧北京"畅读"新媒体约我参与他们的一个项目——京剧故居的拍摄工作，当我们走到王瑶卿先生的故居时却意外地发现，离此不远就是毛世来先生的旧居。

我们当即决定将毛世来先生的故居纳入此项目之中，这才有了后来播放出来的《京剧故居——毛世来》的节目，而且播放率极高。

毛世来先生的故居坐落在北京西城区培英胡同29号（原宣武区大马神庙15号）。院内是标准的北京四合院的风格。拍摄过程中，我异常兴奋，这完全是"踏破铁鞋无觅处，得来全不费工夫"的一种感觉。在之后摄制组奔赴哈尔滨录制毛世来先生的女儿毛莲莲老师的访谈中，我对这所房子有了更深一步的了解。所以，我在撰写片子的解说词时，是这样写的：

一天清晨，我走进一家建筑格局保护较好的院落，红色的漆门，悬挂的花灯，雕刻的影壁，圆形的拱门，完全是传统四合院的风格。这里曾经住过京剧"四小名旦"之一毛世来先生。十年间，毛世来和家人在这里度过了祥和幸福的时光，也和艺术伙伴们在院中排练了大量的传统戏，这个院落见证了毛世来先生最辉煌的艺术人生。

吉林省戏曲学校是毛世来先生人生后几年的归宿，他教授出了女儿毛莲莲、学生王继珠、邢美珠等人，艺术得到了传承。站在当年毛世来先生传艺的教室外面我仿佛"见到"了他的身影，感受到了他的艺术。

纪念毛世来先生
百年诞辰艺术文集

少年学艺，出科成名。青年拜师，展露风华。中年教学，传承技艺。晚年光景，戏采流芳。站在这座院落中央，看着排列整齐的屋瓦，红漆的房柱、明亮的窗户、半开的屋门，我隐约"看见"这家的主人又回来了，听——他又在孩子们的簇拥中、合作者的帮衬中、戏迷们的拥戴中唱了起来！

我还记得《中国京剧》杂志曾在一次评选百名"京剧百美图"的时候，毛世来先生入选其中，并有诗云：

筱派花旦毛世来，

婀娜多姿真可爱。

侠肝义胆十三妹，

游湖白蛇抒情怀。

对于毛世来先生的艺术经历，需要当年看见过他的老先生们和跟他学过戏或同过台演出的老师来畅谈。但是，我知道毛世来先生幼年入北京的富连成科班，打下了扎实的基础，尤其是在尚小云先生亲传下，与李世芳先生担当起了大量的演出任务，既有单挑的戏，又有合作戏。出科后，他先是搭班演出，后是组团献艺。特别是和李世芳、张君秋、宋德珠三人，一起入选"四小名旦"后，京剧的又一个辉煌期来临了。他艺宗于连泉（筱翠花）先生，而后拜尚小云先生为师，续拜梅兰芳先生为师，再拜荀慧生先生为师，后拜赵桐珊（芙蓉草）先生为师。这些位大家的传授使毛世来先生的艺术更加广泛，正是因为毛世来先生的博采众长，师徒们没有门户之见，才使得毛世来先生逐步形成自己的艺术特色。虽然他没有被称为"毛"派，但毛世来先生的表演有他的独特性和综合性，他的"杂"而"博"，使他的艺术更适合学生学习和教师教授。所以，我斗胆地称其为"能"派。

毛世来先生拜荀慧生先生为师的仪式，是在北平丰泽园饭庄举行的。而此时的丰泽园饭庄还是封家的产业之一，我想我家的先辈也会在拜师现场。

走"进"毛世来先生，究其原因有二：一是源于由北京戏曲艺术职业学院刘侗院长（现任北京京剧院院长）策划的《京剧大家绝艺录》项目的录制工作，结识了王继珠和邢美珠两位老师，访谈中她们都谈到了自己的恩师毛世来先生的艺术和品德。特别是邢美珠老师传授给张欢的《南界关》使沉寂几十年的戏又"复活"于京剧舞台。这是对毛世来先生最好的纪念，是对毛世来先生艺术最好的弘扬。咱们暂且不管这出戏是不是毛世来先生首演，还是叶盛兰先生首创，可能还有更早的人创演。但它总归是由毛世来先生传承了下来，是毛世来先生表演艺术的"命脉"。二是源于我十几年来做的《京剧名宿访谈》系列书籍的采访工作，其中有的老师谈到毛世来先生的艺术都非常赞叹，上海的一次演出，由于毛世来先生满台轻盈，似燕子"飞飞飞"。后来，也就成了毛世来先生演剧的代名词。

1958年，毛世来先生为了支援吉林省文化建设，毅然带着家人和剧团的演职员来到了长春市，成立了吉林省京剧团。然而，毛世来先生只演出了一年左右，就被调往吉林省戏曲学校担任领导职务。这时，是他人生中的壮年时期，艺术上也是最佳的旺盛期。但他无怨无悔，再次毅然担当起了教学工作，将从富连成科班继承下来的教学经验和多年来的演出感悟，无私地教授给青年一代。

站在当年毛世来先生传艺的教室外面，看着课堂上练功的学员，我眼前仿佛看见了毛世来先生教学的情景，瘦小的身材，清脆的话语，轻盈的身段，甜美的歌唱，慈祥的笑容……

虽然毛世来先生走了二十多年，但他的艺术却永留人间。我虽然没有见过毛世来先生，但我走进了他曾居住的院落，走进了他授课的教室，走"进"了他的艺术。如今，听着毛世来先生生前录制的唱片《得意缘》《浣花溪》《探亲家》《丑荣归》《铁弓缘》等。尤其是《小上坟》中的萧素贞和刘禄景"路遇"的一段唱，就好似两个人真在眼前，既是毛世来与詹世辅，又似剧中人物。分别三年的夫妻再次重逢，素装的小媳妇在驴前面跑，做官回来的丈夫后面追，如果用电影的手法一定是"慢镜头"呈现，而我们的京剧是用"快圆场"凸显。准确地说，是，毛世来先生的"飞飞飞"。

封杰 《中国京剧》编辑部主任

继承传统才能更好出新

满羿

作为一位"70后"的戏曲爱好者，我觉得其实我们从某种程度上说是有遗憾的，因为那些大师级的演员，不管是荀先生、于先生，还是毛先生，我们都没赶上他们的时代。但还好我们赶上了王院长、倪院长这些艺术家。

今天我想从另外一个角度去谈一谈。就是跳出京剧这个圈子，从艺术创作的角度来说，我们现在对文艺创作，强调接近生活，从现实入手，要接地气，反映现实。

我个人认为这为花旦行当的发展提供了一个契机，花旦和小花脸这些行当比较接近生活，这方面要胜于青衣和老生等行当。我没有看过毛先生的戏，但通过一些视频看过陈永玲先生的戏，大家说陈先生有很多筱派和荀派的东西。我们今天编演新戏，也不能永远都是传统式，肯定是要再创新，那塑造人物的方式、方法、技巧，应该越多元化越好。现在舞台上的花旦，以荀派为主，不能说不好，但确实是不够丰富。

刚才贯老师说的，少妇和少女的这个问题上也是这样，刚才大家说的禁戏《马思远》，我们没看过，但我觉得老先生们是以美的形式，去对丑进行一种揭露，是用美的方式来批判。从这个角度来说，很多的剧目可以重新去审视，很多表演手法和技巧也重新去解读，这样的话，对于一个流派、一个行当，它的发展也会更好。如果我们院团能够经常下到社区、下到农村去体验生活，从中吸收营养，编出一些接地气的新戏，也要求演员的表演手段要丰富。剧目的创作和演员、行当的发展相辅相成，也符合当今的要求，所以要感谢基金会，感谢吉林省京剧院，真是能够踏踏实实去挖掘一些我们不熟悉的，但却极为有价值的艺术家和他们的艺术特点，谢谢各位老师。

满羿　《北京青年报》文化部执行主编

谈艺忆往

我的艺术生活

毛世来

我的家世

1921年1月9日，我生于北平，祖籍是山东省掖县。山东这个地方，人多地少，年年闹灾荒，民不聊生，因无法生活，我的父亲就携带全家逃荒到了北平。旧社会唱戏的，有的出于梨园世家，而多数是穷人家的子弟。我的家并不是梨园世家。听我父亲说，我四爷毛汉卿是个戏迷，也学过唱戏。我父亲叫毛德俊，是当警察的，写一手好字。我们家孩子多，哥四个、姐三个，生活很困难。为了维持全家的生活，父亲把我大哥毛庆来送到俞振庭的斌庆社学戏，接着二哥毛家乐及三哥毛盛荣都进了斌庆社。我二哥是学武生的，外号叫"小园红"，12岁那年生病去世了。三哥后来转入富连成科班第四科学艺。我7岁那年（1928年冬天），由我三哥介绍入了富连成科班补入第五科，从此便开始了我的学艺生活。

■ 毛世来生活照

■《十三妹》 毛世来饰何玉凤

纪念毛世来先生
百年诞辰艺术文集

■《元宵谜》 毛世来饰吕韶华（1947年）

谈艺忆往

■ 毛世来演出照

纪念毛世来先生
百年诞辰艺术文集

■ 毛世来演出照

谈艺忆往

■ 毛世来演出照

纪念毛世来先生
百年诞辰艺术文集

■ 毛世来演出照

富连成科班十年

入科班

1928年正是富连成科班鼎盛的时期，"盛"字辈还没有满科。富连成科班从"富"字起，每科里面，有大小之分，如第五科"世"字，分大"世"字、小"世"字。袁世海比我们进科班早大半年，他就是大"世"字，我们管他叫师哥。我是补入第五科的，属小"世"字。

富连成科班每年招收的学员，不分季节随时都可以入科，但必须由与科班有关系的人介绍才行。学员入科后都要经过半年到一年的考察，考察合格定了行当才能算是正式坐科。入了科第一项是练基本功。早晨七点起床后，一直到晚上十一点半都是练功的时间。每天都由武功老师郝喜伦、徐天元及段富环三位先生领着我们一百多人练武功。把子课、腿课和毯子功（拿顶、跑虎跳、毽子）都是天天必修的。在练功过程中，老师细致观察每个学员的言谈举止、脸型身材，来选拔角色。由于每个学员的情况不同，练功的时间也不一样，有的要几个月，有的需一年。学员定了行当才被认为是有了可造就的资格，然后方可由社方与家长订立契约。契约要由家长和中保人签名画押，才算履行了正式入科的手续。字据上规定：每科学员学戏年限为七年。坐科期间，学员的一切吃住穿戴，都由社方供给。学员如有病需回家治疗，如逃跑或被打死，社方和老师一律不负责任。学员不能随便退学，社方如发现学生品行不端，可随时予以开除。所以俗话说"坐科是七年大狱"，这话是千真万确的。学员一旦坐科就同父母脱离了关系。平时是没有假期的，只是每年过旧历年时才能放上两三天假，若是腊月二十八晚上放假，初一还得从家里赶回来唱戏。平常学员是不许出富连成社大门的，只有外出演戏时，才由管事的领着我们上戏馆，等到散戏时，还得整整齐齐地排好队，再由管事的领回来。坐了科如同鸟儿关进笼子里，一切都不自由了。

开蒙学戏

每个学员有了行当才能随从老师学戏。先要拜师，挑选个吉日，烧香给老师磕头，然后才可正式学戏。我开始是学小生的，拜的老师是萧连芳。萧连芳是萧长华的侄子，是学花衫、小生的。他会的戏很多，善演《群英会》《扈家庄》《八大锤》等戏，又能唱青衣、花旦，后来归了旦行。萧先生给我开蒙的戏是《举鼎观画》《岳家庄》。后来因班上缺旦行，先生看我、李世芳、詹世辅和王世钢学旦行挺合适，就让我们几个人改学旦行了。有一次，萧长华先生看我们排戏，发现詹世辅、王世钢学旦行不合适，就让詹世辅改学小花脸，王世钢改学武生。结果詹世辅成了有名的小花脸，出科后在天津，我与他演过《小上坟》，很受观众的欢迎。由于富连成科班能因材施教，量才教艺，所以为许多学员的发展创造了条件，如江世玉是唱旦行的，后改小生，叶盛兰也是唱旦行的，后改文武小生，他们最后都成了名角。

李世芳，原名福禄，山西省太谷县人。他出于梨园世家，父母都是唱梆子的。我们俩开蒙时都以花旦戏为基础。为什么要从花旦学起呢？一是那时年纪小，天真活泼，先唱花旦为宜；二是花旦是学旦角的基础，花旦学好了，以后再学青衣就容易了。萧先生给我们开蒙的戏是三小戏，如《打刀》《打面缸》《小上坟》《打皂》等，那时先生教戏都是口传心授，我们要先学会戏

■ 少年毛世来

词，然后上口，习腔，练身段，直到把每一出戏学会为止。后来我又跟萧先生学会了《铁弓缘》《玉玲珑》《卖饽饽》等戏。

作为一个花旦演员还必须有武功的底子。像演《得意缘》中的狄云鸾，《大英杰烈》中的陈秀英都需有过硬的武功。刘喜益先生是教武生的全才，我跟他学过《锅大缸》。王连平先生也是教武戏的，能唱昆曲、乱弹，会的戏很多，我跟他学过《东昌府》等戏。

■ 毛世来与李世芳（右）

学花旦最难练的是属"跷功"了。跷是木制的，一块木头挖出脚的形状，长短约有三寸。跷的形状是前头尖，后边圆，"锦上添花"。每个学员学的戏精熟之后，可先在堂会演唱，再到戏馆演出。

第一次登台演出

富连成科班很重视艺术实践，在科的学员都是边学边演的。当时有大富连成、小富连成的说法。大富连成是指已出科的学员没有出外搭班，仍留在社里助演。小富连成是指我们在科的学员常陪着师哥们演二路角，如骆连翔是唱武生的，李盛藻是唱老生的，他们是二科的学员，虽已出科，但因社长的挽留仍还留在社里演戏。每次在广和楼演出时，我们或是唱开场，或是当配角，或是跑龙套，由他们唱大轴，这就叫师哥带师弟。

记得我第一次登台演出是1929年，那天在灯市口的银环戏院，演的是《铁弓缘》。在台上，我把平时跟老师学的十八般武艺都用上了，结果

《十三妹》 毛世来（左）与李盛戎

得了个满堂好。演出后，叶春善社长看我演戏卖力气，演得不错，特赏给五大枚（当二十文铜钱使用的大铜子）。我是头一次领赏钱，别提多高兴了，心想："可不能辜负社长及老师的培养，一定好好学戏，将来成个角儿。"从那以后，我就边学戏边参加演出，并常常跟李世芳一起演戏。例如：演《樊江关》，李世芳演樊梨花，我演薛金莲；演《十三妹》，李世芳演张金凤，我演何玉凤。在演出实践中，我们的演技得到很大的提高。

富连成科班在培养戏曲人才上是有经验的，依我看有三条最重要：第一是讲循序渐进。学员进科班后，头三年打基础，以后才能学较复杂的戏。拿旦角来说，三年后才学《玉堂春》等戏。第二是注意培养学员全面发展。如学旦角，青衣、花旦、刀马旦、武旦等都要会演，戏路子要宽，这就为学员全面发展打下了坚实的基础。我在科班学会了100多出戏，到出科时，已能熟练掌握及演出的有四五十出戏。第三是重视在实践中培养学员，注意理论与实践相结合。富连成科班经常在广和楼演营业戏，学员常参加演出，看戏的机会很多，加上环境的熏陶，慢慢地有的戏不学也看会了。由于富连成科班有一套培养学员的经验，所以在七科中出现了不少优秀的戏曲人才。

跟尚小云先生学戏

尚小云先生是京剧"四大名旦"之一。他对我的艺术特点及风格的形成影响最深。回想当年的教诲，思念之情油然而生。

尚小云先生是专攻青衣的，他嗓音宽亮，唱法刚劲有力，继承了陈德霖等先生青衣方面的表演艺术，并予以发展，独创一派。20世纪30年代初，尚先生的表演已是炉火纯青，挥洒自如了，在北平的舞台上已名声大振。那时，尚先生与我们社长叶春善的关系很密切。1935年春，当时"盛"字辈已满科。李盛藻已初露头角，但仍留在科班里助演，后来，他就约刘盛莲、陈盛荪、杨盛春等人到上海唱戏去了，他们一走，科班就显得很空了。那时，我们"世"字辈虽学了些戏，但还挑不起梁来。我和李世芳也只能演《十三妹》《樊江关》《拾玉镯》《法门寺》《起解》等戏。科班里还剩下叶社长的三儿子叶盛章、四儿子叶盛兰等几个人了，他们就领着我们演戏，多演的是武戏，上座不好，营业渐衰。这时尚先生就主动到社里协助排戏。1935年7月间正是演应节戏的时候。所谓应节戏就是按节令演出，如五月五日演《白蛇传》，七月七日演《天河配》，七月十五日演《盂兰会》，八月十五日演《天香庆节》等戏。尚先生帮我们排的第一出戏是《天河配》，我与李世芳、叶世长、沙世鑫、张世孝、刘元彤等人都参加了演出。李世芳和我演织女。过去班上也演过《天河配》，都是按照老路子演。尚先生排的《天河配》完全是新路子，服装也新，如织女身上要披纱。《天河配》是在华乐戏院演出的。华乐戏院是新式剧场，场内有舞台布景和灯光。《天河配》上演后，轰动全城，连演了一个多月。后来，尚先生又帮我们排了《娟娟》《金瓶女》《昆仑剑侠传》《藏珍楼》《白泰官》等戏，这里特别值得一提的是《酒丐》。《酒丐》这出戏是尚先生专为叶盛章排的，我和李世芳、袁世海都参加了演出。

■ 尚小云（左二）与毛世来（左一）、张君秋（右一）、李世芳（右二）合影

纪念毛世来先生
百年诞辰艺术文集

毛世来（右一）与尚小云（右侧坐者）等人合影

叶盛章是学文武丑的，演戏中的范大杯，他为了演好这出戏动了不少脑筋，有许多新的创造。如舞台上设轴棍（类似现在的吊环），他在上面表演各种动作显得十分灵巧，当范大杯要救小姐的时候，他再从轴棍上翻到楼上去，每次演到这儿都得满堂好。戏中有段范大杯背着小姐要翻过山头的情节，舞台上在空中就架起滑车，空中飞人，十分精彩，观众看了赞不绝口。有一次，叶盛章背着李世芳滑车正行中间不料保险绳折了，结果把他俩摔坏了，可是他们只休息几天又照常演出。这出戏布景新颖，演员演技精彩，演后立刻轰动北平，上座极盛。由此富连成科班声势重振。

当时，有人说我的唱、念、做、打似尚小云先生，后来就由赵砚奎（尚先生的琴师）和善保臣（尚先生管事的）介绍，让我给尚先生磕头。那时要拜师需请客。记得拜师那天，尚先生请了许多戏曲界的知名人士，在前门大街鸿宾楼举行了拜师仪式。拜师后，我常到尚先生的住处宣武区椿树二条去学戏，几乎天天长在他家里，因尚先生家很宽敞，我们演的许多戏都是在他家排的。尚先生教戏一丝不苟、严肃认真。他常对我说："演戏要演人物，要以情动人，技巧要为人物服务。"他悉心传授技艺，使我获得教益不少。

尚小云先生艺术造诣深，不但是著名京剧表演艺术家，还是戏曲艺术教育家。中华人民共和国成立后，他曾任陕西省戏曲学校校长，把后半生献给了戏曲教育事业。他对我的教诲，使我难以忘怀。

"童伶选举"与"四小名旦"

近些年来，报纸上刊登过不少关于"四小名旦"的文章。有人把"童伶选举"写成选举"四小名旦"，也有人将"四小名旦"选举写成"童伶选举"，总之，是把两件事混为一谈了。

北京是京剧的发源地。二十世纪二三十年代拥有着无数爱好京剧的观众。梅、尚、程、荀以他们各自不同的表演风格，盛誉京剧艺坛，蒸蒸日上，竞相争辉地活跃在京剧舞台上。在继承和发扬京剧剧种上有着不可磨灭的功绩，美称"四大名旦"。

当年，很多的大学生、中学生都是京戏迷，经常是夹着书包坐车去听戏。他们受过良好的高等教育，知书达理、见多识广。况且听戏听得甚多，谁优谁劣都装在他们的脑海里。故而能一针见血地指出演员在演出中的不足之处，我从心眼里佩服他们。那时候我年龄小，说不出来是什么道理，只是觉得，同是一句话，到了他们的嘴里就变得雅俗共赏，使人回味无穷。即使是批评你的话，经他们一说，就那么受听，有理有据，你不能不心服口服。我极希望和他们在一起，想借此受到良好的熏陶，以增强自己的学识和修养。这就叫"近朱者赤"！

那时候，我家住在北河沿，离北大很近。有些同学很喜欢听我的戏。他们经常利用星期日休息的机会，白天去我家替我看望父母，晚间听戏时，赶

■ 李世芳、毛世来、张君秋、宋德珠（从左至右）合影

忙跑到后台告诉我："五弟，二老康健，不必挂念！"我不能回家，为了免去我的思念，使我能专心地学艺，他们就想出了这个两全其美的好办法。感动得我不知道怎么说才能表达我的感激之情。我这个人是很不爱哭的，但每到这个时候，我都禁不住眼泪在眼眶里转。

我们这群小师兄弟很快与他们成了好朋友，经常在后台问寒问暖，谈天说地，学习他们的举止言谈，大大地开阔了我们的视野。他们送给我们许许多多的好纸，好毛笔，教我们写字，并且给我们留好作业，等到下星期日来听戏时，再检查、纠正。

我们虽然深深地懂得学习文化的好处，但由于是孩子，就总忘不了淘气，把很多的好纸张全上厕所用啦！弄得他们也是哭笑不得。气得他们指着我的鼻子说："尤其是五弟，你要在台上演各式各样的人物，就更应该提高自身的修养。只有发诸内才能形乎外，让人家一望而知你是个有气质的人，而且要从平日的一举手一投足做起。"他们说得极是，我心悦诚服。所以，他们以后无论再说些什么，我是言听计从啊！

日月如梭，我们这些师兄师弟陆续步入了青少年时期，也就是说开始发育了。这对演员来说，可是决定命运的一个大关口。李世芳的个子一下子长得挺高。这下子可愁坏了关心我成长的朋友们，他们生怕我一下子也长高了，那可就没法演小花旦啦！于是，每天都叨叨咕咕地念着："世来可千万别长个儿啦！世来可别再长个儿啦！"就在我发育的这几年中，他们一直为我捏着一把汗，担着一份心。这真挚的爱，胜过一奶同胞啊！

清华与北大两所学校内，还办起了《韵石社》戏报，经常刊登些富连成科班的演出趣事及戏曲界动态的文章。那时，我与李世芳、宋德珠等在观众的心目中有了一定的影响，也就是说挺红吧。所谓的红，也就是指获得了广大观众的欢迎和认可，后来，一些京戏爱好者便纷纷给报社写信，各抒己见，要求公开投票，看看究竟谁能够有资格继承"四大名旦"。

倡议一经发出，观众立即向报社投票，积极响应，参与选举。1936年，北平《立言报》发起了"童伶选举"，范围只限富连成与中华戏曲学校的学生，要求选出主席一名，生、旦、净、丑各行的前四名。投票日期截止到1936年末。由北平《立言报》社长金达志、主编吴宗佑等人专门负责接待选票，并聘请了北平几家报馆的负责人负责监督查点票数。整个选举过程相当严肃认真。

这次选举结果是：李世芳以18 424票夺魁，当选为"童伶主席"。我以12 561票选为"旦部冠军"，其他三位是侯玉兰10 900票、宋德珠10 112票、白玉薇5134票。"丑角冠军"是詹世辅，艾世菊名列第三。"生部冠军"为王金璐，亚军叶盛长，黄元庆列第三名，傅德威列第四名。"净角冠军"是裘盛戎。其他几位均系中华戏曲学校的学生。

由于是同行，故旦部的几位就记得很清楚，又因为我热爱武生这一行，所以对王金璐格外关注。丑角中詹世辅与艾世菊，每日与我一道配戏，那肯定是忘不了的。净角中只记住裘盛戎，至于各行中其余的几位，时间太久了，连姓什么都安不上了。

授奖仪式于1937年1月17日上午举行，地点在富连成的南院，两校的师生及梨园名家、各界名人都参加了这项仪式。发给我的是个奖杯上首刻着"旦部冠军世来艺员"，中间的四个大字是"娇媚天成"，落款是"京报社"。颁奖完毕，世芳、我及其他入选的学生与大家见面并致谢。晚间在华乐戏院为李世芳举行冠冕典礼，他与袁世海合演了《霸王别姬》，剧场里自始至终掌声不断，盛况空前。广大观众选出了自己喜爱的演员，如何能不高兴？我们

■《花田错》
毛世来（右一）和李世芳

纪念毛世来先生
百年诞辰艺术文集

《花田错》
毛世来（右）和李世芳（左）

这些小孩子虽说付出了艰辛的努力，但能得到广大观众的承认深感欣慰。两个学校一连几天，是热闹非常的，师生都沉浸在幸福之中。

"童伶选举"过后，北平的各大、中学校的师生和众多的京戏热心观众，似乎仍感到不尽如人意。觉得既然有"四大名旦"，那就理所应当有他们的继承人——"四小名旦"，故纷纷写信给报社，倡议选举"四小名旦"。在广大观众的心目中，一直酝酿着"四小名旦"的人选问题。

为了广泛宣传，提高知名度，吴宗佑主编与新新大戏院经理万子和，分别于1940年在长安大戏院、1942年在新新大戏院举行过两次"四小名旦"合演《白蛇传》。李世芳与宋德珠演《金山寺》，我演《断桥》，李世芳演《产子·合钵》，张君秋最后演《祭塔》。四人唱、念、做、打各具风格，观众极为满意，演出结束后，四人齐谢幕并合影留念。当时，可以说是轰动北平，影响甚广，红得发紫，自此以后，声名鹊起，"四小名旦"的称呼也就传开了。

当年的报纸登载过《摩露随笔——"四小名旦"评述》，文章中说："……凭我的眼光，我以为他们四个人的优劣是——扮相：李世芳与张君秋并列，那天君秋的扮相也很美满！这并不以'梅派'不'梅派'为根据的！唱念：张君秋与毛世来并列，不过我以为君秋的嗓子，虽高而却不大适味儿，或者说想要好了，所以倒嫌过火一些；世来除表情外，念白也相当好听！表情：表情与身段，自然是李世芳与毛世来并列，表情是世来第一，身段以世芳最美！那天君秋的脸也相当有戏！武功：是德珠与世来并列，可是，我终不以德珠的真正'出手'为然，总以跷功为长。世来哪，也相当可看一眼！总之，我以为四小名旦的次序应当是张、毛、李、宋或是李、宋、张、毛。"

"少若"君在报纸上也发表了一篇文章，题为《关于四小名旦的前途》，对我们四个人的优缺点也做过一番评论。他认为："李世芳所以红便是尚小云的提携，张君秋更多亏了尚小云。李世芳在科时，最初占便宜在扮相，后来功夫又着实有些成就，便足以引人注意了。只是吃亏在嗓子，其中有个原因是有人挑唆他叫他服毒，又因他闹这个病那个病的，终于休息了一两年，险些湮没无闻……论世芳之资格，唱青衣论，'四小'中身上无一能及世芳。试观德珠一唱青衣便矫揉造作，世来根本不能穿长衣，一件褶子一件披，好像比什么加在身上都难看。君秋的身上是最差的，这点要让世芳高出一头之地，但嗓子不及君秋，武功更不及世来，何况宋德珠念白和表情也好像追不上近两年的世来。最近有人道我捧毛世来，岂其然也，实在诚之先生说得好，世来确向名角路上走去，他的技艺固然还追不上'四大'的百分之几，可是已受过几年辛苦，碰过不少钉子，现在无论如何总算站住脚了。唯盼毛五，不可过恃自己，认为已是'成了'，如果自己以为'成了'那就快'完了'。"

1947年，李世芳不幸夭亡，北平《纪事报》又举办过一次新"四小名旦"选举，据说选出的是张君秋、毛世来、陈永玲、许翰英。我与君秋虽说再次入选，可心里很不是滋味，那是因为一个伙伴永远地去了，另一个伙伴又落选了，四个人剩下一半，心里时时有隐隐作痛之感，所以我二人连庆祝会都没有参加。

当时报上的几篇文章，对我们四人所取得的成绩，给予了充分的肯定和鼓励，也毫不掩饰地指出了我们四大致命弱点，使我们能够知道自己的实际水平，准确地了解自己的长处和短处。有道是"知耻者后勇"，又有"快马一鞭扬千里，劣马一鞭卧不起"之说。我们应该怎么办？是躺在以往的荣誉上睡大觉？还是不负众望，奋蹄扬鞭继续努力？我们当然是后者！报刊上所提出的弱点，正是广大观众殷切希望我们提高的所在！多么好的观众啊！从来不虚虚假假，遮遮盖盖，这才是真正的关心啊！记得梅兰芳师父就曾经教导我："世来，你要记住'说我孬者，我师也'，谁说你不好，谁才是真正地爱护你哪！"我一直把这几句话铭记在心上。我立志，一定更加勤奋努力，一定成为观众心目中文武全才的好演员。在我的记忆中，有些事情能够得以澄清，还真要好好感谢刘乃崇兄，他像当年关心我成长的朋友一样，及时、诚恳、实事求是地为我口述的《我的艺术生活》做了补正。感激之情，难以用语言来表达，只恨相隔太远哪！

拜梅兰芳先生为师

梅兰芳先生在京剧表演艺术方面是博大精深的典范。他全面发展，能文能武，昆乱不挡，成为京剧艺术大师。他继王瑶卿之后，把京剧的旦角艺术推向新的高峰。梅先生是我所敬仰的前辈，早在富连成科班时，我曾亲自聆听他的指教，受益极深。

梅先生与富连成科班有很深的交往。还在1908年辛亥革命前，他就曾搭班喜连成演戏，为带艺入科的学员。所谓带艺入科，是科班邀请有名声的童伶，搭入本班演戏。所聘请的角儿，除演戏外，还要在本班内学习。带艺入科的学员较自由，吃住随便，不受科班的限制。梅先生在喜连成演戏的时间不长，但后来一直与富连成科班保持着密切的联系。

1936年春，梅先生由上海回到北平，在"第一舞台"演出。那时，梅先生虽家住上海，可也常回北平演戏。梅先生在演出之余常到富连成科班看练功和排戏，非常关心学员的成长。当时，齐如山先生也常到科班来看排戏，还常到广和楼听戏，跟我们很熟。他与梅先生最初是笔墨之交，后来成了挚友。他很想把我们介绍给梅先生做徒弟，后来就把这件事向梅先生说了。我们听说要给梅先生当徒弟，心里都很高兴，也盼着有这样的机会。梅先生很爱惜年轻人，他不但欣然接受了，而且还提出拜师时，徒弟对老师不准请客，不准送礼。于是，由齐先生介绍，李世芳、张世孝、刘元彤和我四个人就在绒线胡同齐先生所办的北平国剧学会陈列馆举行了拜师仪式。仪式很简单，我们给先生磕了头，并一起照了相。这张珍贵的照片，四十多年来一直珍藏在我的身边。每当看到这张照片，就想起了先生诚恳谦逊、忠厚待人的品格，想起了他对我的教诲。

■ 毛世来（左二）和梅兰芳（后排）

梅先生很重视对年轻一代的培养。为了帮助我们学艺，他在演出前排练、吊嗓子，让我们看和听。演出时，我们就像梅先生的孩子一样，随时随地都可以到后台观摩学习。他还在百忙中抽时间教了我们一出《霸王别姬》。因时间有限，梅先生不能天天手把手地教我们，所以我和李世芳就向朱桂芳先生（善演武旦）请教，学习《霸王别姬》中的舞剑动作。有一次，李世芳演《霸王别姬》，我演《小上坟》，梅先生还特意去看演出，看戏后还帮助我们分析剧中的人物，讲解表演时应注意的技巧。他常说："演旦角，一举一动都要给人以美的艺术享受。如旦角的哭，要使人感到美，不能把观众演哭，那样看起来是符合生活了，但却破坏了剧情。"他的这些见解是相当深刻的，后来我在演出的艺术实践中，才慢慢地领会到这些话的深刻含义。

1938年我出科后，每次去上海演出，都要去看望梅先生，并求教于他，但中华人民共和国成立前没有机会同先生同台演出。一直到中华人民共和国成立初，梅先生在上海办义务戏，那时我也正在沪演出，才有机会与梅先生同台演戏。那次是在天蟾舞台，杨荣环和周信芳、盖叫天先生演的《大名府》，梅先生演的《游园惊梦》，我与艾世菊演的《小放牛》。这次同台演出使我终生难忘。

■ 梅兰芳、李世芳（左）、毛世来（右）

梅兰芳先生离开我们已经十多年了，但每当回忆起他对我的教诲，那音容笑貌就浮现在眼前。他不但是我的良师，而且永远是我们学习的楷模。

第一次去上海演出

在旧科班里，学员满科后，一般都要在科班里效力、报师一年，我也不例外地履行这种义务。1938年2月，我才真正出了科班。十年的科班生活总算是熬到头了，就如同久关在笼子里的小鸟，这会儿可要展翅自由自在地飞翔了，心里别提有多高兴了。有句俗话，叫作"幼年学得好比石上刻的"。做一个戏曲演员，幼年时期打下扎实的基本功是很重要的。富连成科班的严格训练，许多前辈的耐心指导，舞台演出的多次实践都给我打下了坚实的基础。

那时社会上有个风气，凡是出科的学员必须先到上海演出，要是唱红

谈艺忆往

了，再回北平，才能站住脚，人们都把这称为"闯关"。我这次也要去"闯关"了，心里也是七上八下的，没底儿。临走时，父母把我叫到跟前说："这回去上海，可要看你的本事了。唱红了还能回来，要是唱砸了，就得搭野台子唱戏去了。到那时，咱们就难见面了！"我暗暗下定决心，非闯过这关不可。我第一次去上海是跟李万春先生合作。当时，李万春带永春社正在黄金大戏院演出，我大哥毛庆来也在他社里搭班演戏，借这个关系，我就到了上海。出了科演戏，第一个遇到的是行头问题。那时富连成科班的学员大都很穷，出了科也做不起服装。马连良先生对我很爱惜，他在北平开了个戏衣庄，叫"长顺兴"，是专承做服装的。他与黄金大戏院的经理金廷荪关系又特别好，于是就由黄金大戏院出钱，马连良先生帮助代做了我演出所需要的全部戏装。刚出科的学员，大都有一股子闯劲，"初生牛犊不怕虎"，什么戏都敢唱，什么角都能演。李万春先生看我是刚出土的幼苗，也非常爱惜，特意为我当配角。记得头一天演的是《大英杰烈》，李万春演王富刚，林树森演王大人，艾世菊演陈母，我演陈秀英。上海文艺界讲义气，有捧场的，这出戏一唱就打炮成功了。以后，我又接着唱了《马思远》《十三妹》《穆桂英》等戏，都是在科班学的，唱了一个月，红了一个月。黄金大戏院的经理金廷荪看我唱得还行，就与我签下合同，约定过年二月再到沪演出。上海

■ 毛世来和李万春（坐）　　■ 毛世来（左）饰潘金莲

这一关总算是闯了过去，心里也觉踏实了。

和平社

旧社会，学戏的满科后都要出去搭班演戏。那时戏班很多。徐碧云先生的戏班叫"和平社"。他是著名琴师徐兰沅先生的胞弟，先学武旦，后改青衣，有人把他与"四大名旦"合称为"五大名伶"。他后来脱离了舞台，"和平社"的社名就掌握在他的哥哥徐兰沅先生手中。1938年3月，我从上海演出回到北平。徐兰沅先生和韩佩亭先生（给梅先生管服装的）很器重于我，就把"和平社"的社名给了我。那时要起用新社名得报备，而且很费事，我正好想组织新社，因此就接受下来了。不久，由我三哥毛盛荣出面，串联了一些学友，就成立了和平社。社里有徐兰沅先生的儿子徐元珊（唱武生的），还有陈喜兴、何佩华等共五十来人。有了社名，还得有个落脚处。经徐兰沅先生打官司，才把已经做仓库的广德楼要了回来，这样广德楼就成了我们站脚的地方。每天练功、排戏和演出都在这里。在此期间，我又得到徐兰沅先生的指教，他给我排了《虞小翠》《绿珠坠楼》《邓霞姑》。

1939年6月，我带和平社去上海演出。那时，袁世海、高盛麟、裘盛戎、贯盛习、江世玉、艾世菊、沙世鑫都在班上，是富连成的青年派，阵容很强。我们在黄金大戏院演出了《铁弓缘》《穆桂英》《法门寺》《探母》《南界关》《十三妹》等戏，很受上海观众的欢迎。当时，赵桐珊先生也在黄金大戏院演戏，专演"二路旦"，也和我们一起配戏。赵先生艺名叫芙蓉草，早年学梆子，后改学京剧，曾跟随王瑶卿先生学戏，20世纪30年代初常与尚小云先生和荀慧生先生配戏，后来定居上海，在黄金大戏院长期坐包。赵先生的艺术造诣深，我也很想求教于他，于是就由黄金大戏院出头给我举行了拜师的仪式。之后,赵先生教我学会了《辛安驿》,并帮我整理了一些演出的戏。我从赵先生精湛的艺术中也汲取了不少营养,丰富了自己的表演艺术。后来每隔一年,我们都要去上海黄金大戏院演出。在那里,我还与盖叫天先生演过《武松》。"和平社"这个名字也逐渐在上海叫响了。

追怀荀慧生先生

荀慧生先生是中国杰出的京剧表演艺术家,为"四大名旦"之一。他是荀派表演艺术的创始人,在京剧旦角表演上独树一帜,蜚声艺坛。四十年前,我曾跟随荀先生学戏,那难忘的情景历历在目。

1942年,我们和平社常在北平的一些戏院流动演出,正是鼎盛时期。荀慧生先生的友人叫鄂吕弓,久住上海。我们在上海演出时,他也常看我的戏。他认为我的唱、念、做、打有荀派风格特点,于是就给荀先生写了封信提出拜师的事。我们社里的何佩华、陈喜兴、朱斌仙、郎富润(给荀先生拉琴的)也都曾在荀先生的戏班里演过戏,他们也主动为我做引线人,这样拜师的事就成了。后来,在北平丰泽园举行了拜师礼,我们还一起照了相。按旧社会拜师的礼节,弟子给老师磕了头,先生就要拿出见面礼的。拜师当天,荀先生当场就拿出《红娘》《红楼二尤》《香罗带》《勘玉钏》四个剧本做见面礼。从此,我就跟荀先生学起戏来。

荀先生是位热心肠的

荀慧生(中)、毛世来(右)、许翰英(左)

人，他教徒弟十分耐心，要求严格。那时，他家住在椿树三条，我几乎天天去他家，听先生说戏。我在长安戏院演《红娘》时，他还亲自来观看，演出后及时地给以指教。他常说："演戏是演人物。比如演红娘，一招一式都离不开她天真活泼的性格，同时一举一动还要有媚劲。"他还告诉我："在舞台上要演的是人物性格，表演时要活用程式。比如，旦角演员在台上运用眼神吧，一哭一笑，整鬓，用花指都要根据人物活用程式。不可千篇一律，还要用得恰如其分。"最使我难忘的是1950年，在三庆戏院师生合演《棋盘山》时荀先生演窦仙童、我演薛金莲的情景。在荀先生的具体帮助下，我才慢慢地掌握了荀派艺术中的精华。

荀先生与我的师生关系很密切，1949年后，我们还经常来往。1958年我来长春时，他还特意为我送行。我自1958年到东北后，也一直未能与先生见面。1979年，我已调回长春，本打算去北京为先生扫墓，看望先生的家属，但不幸5月得了半身不遂入院治疗，未能如愿。当昔日的友人聚在一起，为先生开追悼会的时候，我仍躺在医院中不能动身，也未能前往北京参加吊唁，想来十分遗憾。今天追怀恩师的教诲，真是感慨万千！我相信荀派艺术一定会重放异彩的。

解放初期的舞台生活

1949年7月，北平解放了。戏曲艺人真正获得了新生。被国民党破坏得奄奄一息的京剧也得到了恢复和发展。党十分重视戏曲艺术，为了迅速发展京剧艺术，采取了一系列具体的措施。

为了适应社会主义文化事业发展的需要，党首先在剧团体制上进行了改革，建立了"民营公助"的集体所有制剧团，从根本上解决了剧团的生路问题。以前，私人社班完全靠戏馆的营业收入来维持开支，演员的生活得不到根本保证，大多数社班因社会动乱而走投无路，最后不得不解散。如连浪先生和张君秋先生带着剧团南下，边走边演，后来到香港演出，因欠了债务，所以想回也回不来。据我所知，1949年后，党组织派富士君先生去香港，替他们还清了债，并把他们从香港接回来。党实行的"民营公助"政策受到在京的各剧团的欢迎，各剧团都奋起响应。我们和平社也在1952年改为"和平京剧团"。

1949年以前，在国民党的统治下，京剧舞台上演出不少宣扬封建道德、迷信和丑化侮辱劳动人民的坏戏。中华人民共和国成立后，这些毒害人民的坏戏彻底被取缔了，如《杀子报》《探阴山》《九更天》《滑油山》《双沙河》《十二红》《铁公鸡》《活捉三郎》《奇冤报》等都被列为禁演剧目。经过整理和改编的传统戏真正占领了京剧舞台。北京有十多个京剧团，各剧团根据自己的特长，发扬其特点，演出擅演的传统剧目，在艺术上互相竞赛，风格流派自由发展，北京的京剧舞台出现了"百花齐放"的局面。

旧社会的艺人绝大多数文化水平低。1949年后，党为了提高我们的文化水平和政治觉悟也采取了相应的措施，如组织戏曲艺人学习毛主席《在延安文艺座谈会上的讲话》及党有关戏曲的方针政策。毛主席在文章中提到的为什么人的问题和文学艺术工作者要改造世界观的问题，对我教育特别大，心里像打开了两扇门，豁然开朗了。旧社会，艺人都是为了个人的生活而奔波。新社会，艺人才真正当家做了主人，受到人民的尊敬。我懂得了演戏就是为人民服务，为社会主义社会服务的深刻道理。1949年后，我曾带领和平京剧团先后去过东北的沈阳、抚顺、大连，华东的上海、杭州、苏州，华北的天津、济南、青岛等地演出，走遍了东北、华北和华东的中、小城市及一些县城。1953年，我们还曾到温州市慰问过解放军。每走到一处，都受到人民的热烈欢迎。我感到自从出科班演戏以来，从来没像这样心情舒畅过。社会主义的祖国需要我们，广大人民需要我们，我决心要为发展京剧艺术，为繁荣社会主义的文艺献出自己的全部力量。

北上长春

1958年，为了进一步发展京剧艺术，周恩来总理指示："京剧只在北京发展不行，要普及全国。"随后，北京市的十二个京剧团进行了调整。北京只留下两个剧团：一个是中国京剧院，一个是北京京剧团，其余的都下派到各省。李万春先生带剧团到了内蒙古自治区，吴素秋带剧团到了沈阳，云燕铭带剧团到了哈尔滨，我带领全团在8月份来到吉林省长春市。到长春后，和平京剧团改为吉林省京剧团，还是由我和王玉蓉任正、副团长。当时，吉林省京剧团还没有固定的剧场，先是在大众剧场演出，后又改在朝阳剧场公演。

从1958年8月至1959年9月，我和王玉蓉参加过演出的剧目有：《王宝钏》《杨排风》《打焦赞》《盗宗卷》《红娘》《徐金花》《玉堂春》《梅

■《姑嫂英雄》 毛世来饰薛金莲　　■《南界关》 毛世来饰徐金花　毛庆来饰高怀亮（左）

玉配》《辛安驿》《十三妹》《花木兰》《小上坟》《孔雀东南飞》《吕布与貂蝉》《刺巴杰》《巴骆和》《大英杰烈》《法门寺》《棋盘山》《拾玉镯》《樊江关》《潘金莲》《穆桂英》《打渔杀家》《花田八错》《樊梨花》等几十出戏。此期

■《樊梨花》 毛世来饰樊梨花（右） 朱鸣秀饰薛丁山

间，我们剧团还曾深入街头、工厂演出，并在省内的吉林、四平、敦化、延边等地巡回演出，受到群众的欢迎。吉林省京剧团在为人民演出的过程中不断提高演出的艺术质量，同时也为国家培育了一批新人，在党的领导下不断地发展壮大。

在戏曲教育事业的岗位上当一名新兵

1959年下半年，我在剧团里工作受到挫折，思想上转不过弯来。那时自己觉得还是搞点儿教学好，也比较省心。后来省委的领导同志找我谈话，并征得我的同意，在同年10月份，把我调到吉林省戏曲学校工作，那年我38岁。我在学校任副校长，除负责全校的教学工作外，还亲自给学生授课，已不对外演出了。有几次省里来了外宾和首长，我还去南湖宾馆演出过几场。1962年夏天，春城剧场改为吉林省京剧院。为了庆祝建院，我去演了五天戏，这是最后一次对外演出。此后，我便离开了戏曲舞台。

1960年7月，我光荣地被选为全国第三次文学艺术工作者代表大会的代表。大会期间，听到周扬同志的报告很受鼓舞，同时还看到许多京剧界

的表演艺术家和富连成科班的学友。从北京回来后，心情很振奋。我想，自己演了二十多年戏，现在当教师了，在戏曲教育事业岗位上是一名新兵，既然是新兵，就要从头学起，要把多年来从前辈艺术大师身上学来的经验传授给新的一代。我满怀热情和希望投入戏曲教育事业中去。

吉林省戏曲学校成立于1957年。学校的校舍很壮观，设备齐全，学生的学习条件十分优越。学校里的教学制度与旧科班截然不同。在旧科班，老师没有文化，只讲口传心授，动不动就打学生。学生只知道学戏，人身也没有自由。在新社会的戏曲学校里，教员不但有演出的经验，而且有一定的文化，教学方法也多样化。学生一面学戏，一面学政治、学文化，全面发展。学校办得生机勃勃，在教学上也呈现一派"百花齐放、百家争鸣"的气象。1960年前后，当时学校很重视传统戏的教学，低年级学生都是以传统戏开蒙，唱、念、做、打都是以传统的技术、技巧为基础。因为这样做，所以学生的基本功都很扎实。为了向老艺人学习，学校还请了省内外一些著名表演艺术家来校讲学。于连泉先生曾到学校传艺，他那独具特点的表演技巧给学生留下了深刻的印象。我在学校里，除给学生上课外，也做些辅导工作。比如当时有一批从省内各地送到学校进修的演员，后来这些人被留下来成立了评剧团，以后又改为省吉剧团，并分立出一个赣剧团。我曾参加过吉剧《蓝河怨》《桃李梅》《红姐妹》和赣剧《白蛇传》等戏的排练工作。这中间，我还带本校学生去蛟河煤矿和营城煤矿做过慰问演出。

由于历史原因，我在1969年12月末携全家到吉林省永吉县黄榆公社红星大队插队落户，直到1978年5月，才调回长春。回长春后，党给我落实了政策，并让我参加省京剧团《一代巾帼》的排演工作。因工作需要，1979年，我又被调回省戏曲学校从事教育工作。由于下乡十年，业务荒疏，重操旧业，自己也觉得力不从心。在教学生排演《穆桂英》的过程中，因过度劳累，在五一节上班时，突然得脑血栓，患半身不遂。省市领导及学校的负责同志都十分关心我的病情，亲自来看望并及时地把我送进医院治疗。经过几年来的精心调治，现病情已有好转，身体也逐渐恢复，我现在又可以搞一点儿教学工作了。去年，省市领导同志考虑到我的身体情况，任命我为省戏曲学校的顾问。最近，我又被选为省文联委员。

曹操有句诗："老骥伏枥，志在千里。烈士暮年，壮心不已。"我要珍惜有生之年，争取为党、为祖国、为人民多做点儿有益的工作。

孙世文、孙长志整理

载于《吉林戏剧》（1982年）

纪念毛世来先生
百年诞辰艺术文集

■《十三妹》 毛世来饰何玉凤

■《得意缘》宣传海报

■《白门楼》 毛世来饰吕布

■《武松与潘金莲》 毛世来（左）、高盛麟

■《木兰从军》 毛世来饰花木兰

纪念毛世来先生
百年诞辰艺术文集

■《辛安驿》 毛世来饰周凤英

■《辛安驿》 毛世来饰周凤英

■ 毛世来绑"跷"

■《小放牛》 毛世来（左）饰村姑
艾世菊饰村哥

■ 《梅玉配》 毛世来饰韩翠珠

纪念毛世来先生
百年诞辰艺术文集

玉堂春-毛世来饰演苏三（1947年）

■《玉堂春》 毛世来饰苏三

有志者事竟成

毛世来

接到莱州市政协的约稿信函，非常感动，由衷地感谢家乡父老的厚爱，为了表达对家乡人民的情谊，我愿以我的切身经历，概略地谈谈我在艺术上所走过的道路。

坦率地讲，不吃苦而想在艺术上取得成就，是不可能的。要想成为一名好的演员，只有横下一条心，刻苦磨炼，博采众长，把所学到的长处，融入自己的艺术表演之中，才能取得成功，才有生命力。

我的童年

毛世来是我的艺名，我的原名叫毛家宝，字绍萱。父亲毛德俊，母亲毛申氏，父母共生育我们兄妹七人。我祖籍山东掖县。那时山东非常贫困，俗话说，"水旱蝗汤"，十年有九年歉收。我们家人口多，劳动力少，生活更加艰难。无奈，父母带着哥哥姐姐们逃荒到北平，投奔到伯父家中，那时伯父家的生活也不富裕，一下子增加了七八口人，时间长了，就力不能支了。父亲只得带着妻小搬出另过了，偌大的北平，想找个落脚之地，太不容易了。

就在这艰难困苦的日子里，我和最小的妹妹先后来到了人间。几个哥哥姐姐还小，不能养家糊口。幸好父亲写得一手好毛笔字，经人介绍，帮人抄书、写对联等，以此维持生活。尽管他起早贪黑地写，可又能挣几个钱？一家人仍是朝不保夕。母亲看着我们饥饿的面孔，硬撑起病弱的身体，给人家洗衣、做手工。虽然如此，也还是有揭不开锅的时候。每逢此时，就得硬着头皮，到亲戚朋友家东借西讨。"穷在闹市无人问，富在深山有远亲。"穷亲戚和朋友爱莫能助，有钱的亲戚朋友又怕受拖累，世态炎凉，让人心伤。

有一件事，让我终生难忘。那是我随母亲到一位本家亲戚处借钱。到了门口，叫了好半天，门才开。母亲忙帮我整理了一下衣服，刚要进去，就听"啪"的一声，低头一看，原来是从屋内扔出了一把鸡毛掸子，随之传出了刺人心肺的声音："娘俩都好好掸掸，别把穷气带进来！"我和母亲都震惊了，我抬头望着母亲那张惨白的脸，眼泪在眼圈里转，脸上却还强堆着苦笑。回到家中，伤心的母亲搂着我，泪水流个不停："我们穷人的日子，怎么这么难？这么大一家人，往后日子怎么过呀！"我那时虽小，可也懂事了，就劝慰母亲："娘，别发愁，我是个小子（男孩子），我长大了，一定能挣钱养活你，再也不让你受这份窝囊气了。"母亲听了，把我搂得更紧了。

此事给我的震动太大了，我永远忘不了母亲那张受辱后惨白的脸和那双含泪无助的眼睛。那目光深深地刺痛了我的心。我总在想：要是我能念书就好了，学到知识，今后就可以养家了。所以，每次我看见别人家的孩子背着书包去上学，心里真是羡慕极了，但这对于我来说，只能是幻想。

几经难堪后，母亲对父亲说："指亲不富，看嘴不饱，靠别人过不了日子，我们还得靠自己！"那个年代，男人理所当然地要养活妻儿老小。否则，连头都抬不起来。母亲为了不使父亲感到内疚，更主要的是增强他的信心和看到生活的希望，便讲了一个故事。故事大意是：有位财主，请几位朋友吃饭，为了显示自己的富有，便在桌上摆满了金银珠玉，甚至连四个桌脚也都垫上了大元宝。朋友中有位老者，看在眼里，便也叫人抬来一张桌子，桌上摆满了酒菜，然后让他的四个儿子把桌子抬起来，老者想吃什么菜，儿子们便把菜转到他面前，老者十分惬意。财主看罢，面带愧色，连声说："惭愧，惭愧，别看我有家财万贯，但都是身外之物，而你的四个儿子，才是真正的活宝贝！"母亲接着说："咱们也有四个儿子，只要想办法让他们学点儿本事，以后的日子一定会好起来的。"父亲认为母亲说得有道理，于是就开始给我们兄弟四人找出路了。

学艺十年

我家本不是梨园世家，只听父亲讲过我的四爷毛汉卿、五叔毛和玉都是戏迷。在父亲为我们的出路奔走时，先托人把我大哥毛家惠送入了俞振庭办的斌庆社学戏，艺名毛庆来。不但他本人的衣食住行有了保障，而且学到了一身的好技艺。没用上几年的时间，大哥就能帮助父母养家了。父亲没有更好的办法，这条路虽然很苦，但还是狠狠心，把我们剩下的兄弟三人，也都先后送到科班学戏。1928年冬，只有七岁的我，经三哥介绍，进入富连成科班学艺。从此，便开始了我的艺术生涯。现在我已年逾古稀，回想起科班学艺的十年，真是满腹的辛酸。

旧社会的艺人，被叫作"戏子"，是"三教九流"中的"下九流"。被人看不起，尤其是那漫长的艺徒生活，要吃很多常人难以想象的苦，挨很多很多的打。如果不是生活所迫，谁会送孩子去受罪？有句俗话说得好："坐科学艺，七年大狱。"科班可不是享福的地方。

富连成初建时，只有六个学生，条件简陋得难以想象。我入科时，情况已有了很大的好转。我们的练功房，既是吃饭的食堂，又是睡觉的地方。每天早上从七点钟开始，直到晚间十一点半，一天练三遍功。一练就是十年，从未间断。

入科时，我们都是六七岁的小孩，刚刚穿上死裆裤，就离开了父母，就如同身陷囹圄。练功时不但吃苦遭罪，稍有不慎，还要挨打。当着别人的面不敢出声，可头下的小枕头却是湿了又干，干了又湿。一天摸、爬、滚、打下来，已经精疲力竭，半夜一上床，立刻就睡着了。由于身体很疲劳，有不少同学经常尿床，醒来之后又不敢说，如果师父知道了，不光是要挨打，还得顶着湿褥子在外面跪着，直到褥子晒干了，才允许起来。一个只有七八岁的孩子，头顶着湿褥子，又闷又热，味道又难闻，跪在硬邦邦的地上，现在的孩子是难以想象出那是一种什么滋味的。后来，为了避免这些麻烦，谁尿了床也就不说了。可是有的同学先尿的没干，接着又尿湿了，不少学员因此得了疥疮。旧社会过来的艺人，又有几个没长过疮呢？

旧社会教育艺人的方法，受"棍棒出孝子，严师出高徒"的影响，在科班内施行体罚，学员挨打挨罚也不觉得太委屈，对师父没有怨恨之情。因不努力而挨打，倒觉得自己心里有愧，别人也不讥笑。有时集体挨打（俗称"打通堂"），大家还互相安慰和鼓励。这倒并不是学员愿意挨打，而是入科班立字据时，就事先讲好了的。

学徒生活非常紧张，天刚蒙蒙亮，就起床吊嗓子。因为演员在舞台上，无论是说还是唱，都必须让台下的观众听得清清楚楚，没有好嗓子是不行的。所以，不管是春夏秋冬，还是刮风下雨，从不允许间断。然后练毯子功、腿功、把子功。每天练功的时间不下十五六个小时，一年三百六十五天，天天如此。既没有星期天，更不知寒暑假是什么滋味！

人们常常用"余音绕梁，三日不绝"来形容演员的嗓音好，或演员的功夫干净、利落、帅气，却不知他们日复一日，年复一年，付出了多么大的艰辛！

入科后的第一年不定行当。师父们通过上曲牌课和练功课，仔细观察和了解每个人的特点和长处，结合每个人的长相、身段来考虑学什么行当合适，可以说是量体裁衣。我入科时虽然小，不太懂事，但父母的千叮咛万嘱咐及母亲受辱后惨白的脸，时时刻刻激励着我不怕吃苦，奋发上进。我盼望能早日学成，功成名就，出人头地，以宽慰父母。所以，在定行当时，师父问我想学哪一行？我便挺起小胸脯说："学大武生！"可师父们经过长期观察，认为我身小力单，长相文雅白净，便给我定了学小生的行当。当时我虽然有点儿不舒服，但觉得小生在舞台上也能跃马横刀，不乏英雄气概，也很高兴。于是，我就拜在萧长华先生的侄子萧连芳师父门下为弟子，取艺名"毛世来"。

行当定了，学功的劲头更足了。苦和累全不放在心上，再痛也不哼一声。整天都像水洗的似的，汗水从头流到脚。别人练十遍，我就练二十遍、三十遍。师父看在眼里，喜在心上，经常心疼地拍着我的小脑瓜对我说："好小子，是块料！功夫不负有心人，练吧！"受到师父的夸奖，我心里美滋滋的，学起来就更卖力气了。

我的启蒙师父萧连芳，收我为徒的时候30多岁，性情温和，一脸正气，不但长得一表人才，艺术造诣也颇深。他专攻小生，并且精通青衣、花旦、花脸。他善演的戏很多，如《群英会》《扈家庄》《八大锤》等。他以卓越的艺术才华，赢得了广大观众的爱戴，在京剧界颇有声望。

我的启蒙戏是《举鼎观画》，师父深深懂得启蒙师父的重任，生怕"坯子"（底子）打不好，那以后矫正是很难的。所以对我的要求极为严格，一招一式、一言一行都必须准确，不允许有丝毫的马虎。即使我早已汗流浃背、精疲力竭也绝不放松，直到他满意为止。这也养成了我认真求实的习惯。

后来，由于科班中缺少旦角，萧长华总教习与我师父反复挑选，认为我和李世芳、詹世辅、王世钢等人条件比较合适，就决定让我们改学旦角。当时叫我学小生时，我还是很乐意的，因为男孩子天生就喜欢舞刀弄枪的，所以学起来很卖力气，不怕苦，不怕累。可如今我一个男孩子，却要束紧腰身，满头珠翠地迈着碎步，做出娇媚的女人态。每天咿咿呀呀、哭天抹泪的，真让人揪心！旧社会，女人的地位本来就低，而我却非男非女，不是更被人耻笑吗？我从心里厌恶，但又毫无办法，因为"师命难违"！只能俯首听命，但独自一人却流过不少泪水。

我学戏之初，年龄尚小，不理解人生的意义，更不知道古人的生活情形，所以学戏只是一味地模仿，出过不少笑话。把"本帅，樊梨花"错报成"本帅，穆桂英"，弄得台下观众哄堂大笑。回科班后，又是一顿打。随着年龄的增长，对于历史有了一定的了解，才逐渐有了进步。

旧社会科班毕业后，没有人给分配工作，要靠自己去闯。有本事的人才能站稳脚跟，没有本事的或找不到机遇的，只好流落江湖当卖唱的艺人。这就得逼着自己认真地学，拼命地练。当年我学艺时，吃苦最大、挨累最多的是学"硬跷功"。所谓"硬跷"，是一端带有一个二寸左右脚形的木制品。练功或演出时，整个脚要完全立起来，脚尖落在前尖后圆的假脚上，脚心与脚后跟用白布裹脚带子（内行叫"跷带子"）绑在托足板上，脚面绷得很直，脚掌和脚后跟成了小腿的一部分，与地面垂直，再用演员的长裙子或肥大的裤脚遮住，只露出"三寸金莲"，就像一双真正缠了足的小脚。

我没学过芭蕾舞，不知道作为一名芭蕾舞演员要付出多大的艰辛和代价。但我深知，一名旦角演员为了练好"硬跷功"所付出的汗水和经受的痛苦。"跷功"是残酷的艺术！演员装上"跷"，在舞台上演戏，不仅要舞，要做，而且要舞刀弄枪，做出拼杀搏斗的动作，还要翻跟头，"摔锞子"，甚至要从三张半高的桌子上翻下来。这一双绑在木跷上的脚，尤其是脚趾，要承受多么大的冲击。成功的表演，博得了观众的掌声和喝彩。可谁又知道洒在舞台之外的汗水和泪水有多少啊！

刚开始练"跷"时，站不稳，立不直。每天摔得鼻青脸肿，脚趾像针一样疼，脚背火辣辣地发烧，浑身上下不住地颤抖，汗水、泪水、鼻涕一齐往下流。钻心的疼痛，折磨得我恨不能有个地缝钻进去。万事开头难，经过一年多的痛苦磨炼，双手不扶墙能独立行走了。当时，高兴的心情真是难以描述。接着练站方砖，站三角（三条腿的桌子），站缸沿。窄窄的缸沿，正常人脚都站不稳，何况是木制的假脚。我精神高度紧张，既怕摔下来挨打，也怕摔着。这种精神和肉体上的痛苦是常人难以想象的。

然而这双小小的假脚，从我学旦角的那天起，直到我出科毕业，就像长在我的腿上一样。为了掌握这门技艺，我比别人多付出了几倍的艰辛，也比别人多挨了几倍的打。就连春节回家探望父母的短短几个小时，我还是踩着"跷"步行回去，站在家里的缸沿上听候父母的训教。在师父的耐心教导和自己的努力下，我终于把这门技艺学到了手。绑上了"跷"之后，能像平常人一样翻、扑、滚、打。在"世"字辈中，就"跷功"来说，我称得上是佼佼者。

我在科班时，恰是富连成的鼎盛时期，像裘盛戎、高盛麟、刘盛莲、叶盛章等人，都以其惊人的艺术才华崭露头角。常言道，"千学不如一看"，我就遇到了这样的好时机。学完了戏，我正好观看师兄们的演出。他们的精彩表演，使我心中豁然开朗。"千看不如一演"，师父经常命我与师兄们配戏，从而大大地丰富了我的舞台经验。那时正好"花旦大王"筱翠花先生在科班任教，凡是萧师父给我排定的戏，必送到他面前检查、加工。由于他不断地言传身教，悉心传授，我在唱、念、做、打方面，真的与他很相像。很多热心的观众送我雅号"小筱翠花"。他看到我能比较理想地继承"筱派"艺术，心中感到无限欣慰，我看到师父的笑脸，心中也很高兴，我为能给师父增光而感到满足。

萧师父经常告诫我："唱花旦，一定要有好武功，否则，身段僵硬不好看，练武功能增加柔韧性，身段自然就潇洒、漂亮。"我时时记得师父的教诲，别人练啥，我也跟着练。这恐怕是父母给了我山东人不怕吃苦性格的原因。

学海无涯苦作舟。我经历了曲折与磨难，饱尝了辛酸和痛苦之后，终于走上了成功之路。

1936年，北平《立言报》举办了"童伶选举"，我被选为"旦部冠军"。奖杯上刻着"娇媚天成"四个字。随后，灌制了许多唱片，如《小放牛》《小上坟》《得意缘》《探亲家》《铁弓缘》《宣化府》等。

1940年，我又被广大的热心观众推选为"四小名旦"之一，在当时名噪一时，引起了轰动，红得耀眼，时年19岁。

艺林佳话

我从一个无知的孩子，成长为一名在京剧艺术上有一定成就的艺术工作者，与师父们的尽心栽培是分不开的。我先后拜萧连芳、于连泉、尚小云、荀慧生、梅兰芳、徐碧云、芙蓉草等前辈为师。他们对我至诚相待，严格要求，毫无保留地倾心传授技艺。不但教我演戏，而且教我如何做人。各位师父都在我身上倾注了大量的心血，使我掌握了花旦、刀马旦、武旦、泼辣旦等多种技艺，并集各家之长，融入自己的表演艺术之中。他们都告诫我，要打破门户之见，博采众长，多师求教，才能使艺术不断得到发展和进步。

每位师父都在我掌握了他的技术之后，推荐我到其他的名师处学艺。坐科期间，我的每场演出，师父们都力争亲临指导，为了更好地传、帮、带，他们还与我同台演出，这不但增强了我的信心，对于提高我的技艺，更是千载难逢的好机会。

尚师父曾与我合演过《娟娟》（尚师父饰演冯福氏，我饰娟娟）。荀师父与我合演过《棋盘山》（荀师父饰演窦仙童，我饰薛金莲）。梅师父和我在上海天蟾舞台演出时，先是我的压轴戏《小放牛》，而后是他的大压轴戏《游园惊梦》。这些，对一个十几岁的年轻演员来说，是多大的鼓舞和支持啊！

记得有一次，尚师父拉着我的手，走了十几里的路，带我到赵桐珊老先生的家登门求教。尚师父一进门就说："给你带来了徒弟，你收也得收，不收也得收！"赵先生高兴地收下了我。尚师父对赵先生说："《辛安驿》这出戏是你的拿手好戏，我不会，但你必须教给他！"各位前辈的言传身教，我终生难忘，也一直激励着我在京剧艺术上不断攀登新的高峰，也为京剧艺术的发展贡献了一份力量。

在我 38 岁时，组织上安排我从事戏曲教育工作，我深深感到这是非常重要又很有意义的工作，也是组织上对我的信任。我决心以我的各位师父为楷模，像他们当年那样去培养新的一代，把自己较为坚实的艺术基础和多年的舞台经验，毫无保留地传给我的学生。

学海无涯，艺无止境。万望广大青年京剧工作者，不怕苦，不怕累，继承前人的技艺，广取各流派的精华和生活的真谛，将其融入自己的表演艺术之中，为京剧事业的繁荣和兴盛而努力。请各位同行记住：有志者事竟成！

1993 年 12 月 20 日

京剧旦角的"四功五法"

毛世来

我国传统戏曲表演艺术十分讲究"四功五法"。所谓"四功"是指"唱、念、做、打";所谓"五法"是指"口、眼、手、身、步"。京剧的旦角演员尤其讲究"四功五法"。下面,我就结合着自己的演出实践,谈谈旦角的"四功五法"。

唱功

字正腔圆

在"四功"当中,"唱功"居首位,这说明唱在戏曲表演艺术中占有重要的地位。在京剧的旦角表演中,青衣是以唱功为主的。青衣一般代表着少年和中年的妇女,多半表现她们庄重和善良的性格特点,以穿黑褶子为主,也有贵族穿蟒或者穿帔。比如王宝钏、王春娥和李艳妃一类的人物就是如此。她们都是唱功多于做功。

京剧旦角的唱功讲究"字正腔圆"。"字正"就是要求演员吐字清晰真切准确。"腔圆"就是要求演员在处理唱词中字与字之间的过渡和转换时,应该棱角全无,不露丝毫痕迹,并且行腔要适度,连绵不绝。古语有云,善歌者要"字中有声,声中无字",讲的就是这个意思。

演员要做到"字正腔圆",也并不是一件轻而易举的事情。一般来说,演员要想做到"字正",在演唱时,每发出一个字音,必须辨明"五音",念准"四呼"和"四声"。"五音"即"唇、齿、喉、舌、牙"。它是指在拼音的时候声母的五种不同的分类。演员如果掌握了"五音"的运用方法,在演唱时能注意适当地突出字的"声母",就会把字音唱得有力而清晰。"四呼"指的是"开、齐、合、撮"。它是指韵母的分类,实际上主要是指口腔形状的变化程度。演员懂得了"四呼",在演唱时就能把握口腔变化的形态而正确地发出字音来,不会产生"字韵不正"的毛病。"四声"就是指汉字声调的"阴、阳、上、去"。一般来说,京剧的演唱对"四声"的要求,阴声总是比阳声高,上声总是比去声高。如果演员不掌握"四声",在演唱时就会出现"倒字飘音"的现象。比如,在《玉堂春》中,苏三被判刑后下场时,唱[散板]:"我看他把我怎样执刑。"这句里边的"我"字如果唱成"wō","他"字如果唱成"tǎ",就是"倒字"了。字不正,腔就不圆,全句的意思也就很难让人听懂了。

　　关于"字正"和"腔圆"的关系如何处理的问题,我的体会是,演唱应该以字就腔,而不应该以腔就字,也就是说,腔格必须要求字音准确。演员在演唱时必须以唱正字音为主要条件,同时还要注意"腔圆"的问题。"腔圆"就是要求演员在演唱时,尽量使唱腔圆润大方,自然流畅。既不过于呆板,也不矫揉造作,或者见棱见角,越是遇到唱腔变化繁杂的地方,就越要韵味醇浓。既要注意不能因为行腔而忘记了每个字发音的准确,也要注意使唱腔俏丽流畅,真正达到悠扬婉转、玉润珠圆的效果。此外,经验丰富的琴师往往能够帮助演员做到"腔圆"。因为演唱艺术也是演员和琴师合作的艺术,演员和琴师在演唱中是难以分开的。优秀的演员,他优美的演唱和琴师精彩的伴奏是紧密地连在一起的,所以说,成功的演员大都是和自己的琴师长期密切合作的结果。

气口的妙用

演员在舞台上演唱，经常是从丹田提气向上，转喉而发出声音，然后凭着这股中气行腔使调。但是，事情总不是那么简单的。腔有拖得很长很长的，有的腔势曲折起伏，有的音节繁迭急促。这时候，演员如果不换一口气，是难以继续唱下去的。这种换气，运用呼吸的方法，内行人叫作"气口"。简单说来，"气口"就是指演员演唱时换气的地方。一般地说，在唱腔的过门和应休止的地方，以及唱完一句的结尾处都适合于换气。如果演员在这种地方能够很迅速地、自觉地吸进气，接连唱下去，让听众感觉不到是换了气，而是感觉到好像是一口气唱下来似的，这样才算恰到好处。一个演员不论是唱［慢板］，还是唱［快板］，在中途一定不要把气用尽，必须唱得留有余地，也就是说要"存一点儿气"，不可一气呵成。如果演员把气用尽了，一定会产生脸红、发喘、涨筋等现象，急剧地吸进气时也会出现大张口、端肩膀的情形，这样必然会影响舞台形象。所以每一个演员都要善于控制、运用和保持正常的呼吸。这一点不仅是演员，就是琴师也应该注意掌握好。琴师应该了解演员演唱时安排的气口，而演员则应掌握琴师演奏的间歇口，只有这样，才能够做到演员知琴师，琴师知演员，相互配合，相得益彰。

找准气口也是有很多方法和规律可循的。比如，最好是在练唱前就安排好换气的地方。一般京剧中运用的气口有两种：一种是在比较明显的断句或断腔的地方吸气，这叫作"大气口"。它在乐谱中常用"V"符号标记出来。另一种叫作"小气口"，这种气口是为了保持唱腔的连绵不断运用的一种特殊的吸气方法，京剧中也叫"偷气"。它一般习惯用在唱腔较长，无法进行换气的地方，如唱腔中的［流水］［快板］［垛板］等。这种气口的特点是必须动作迅速而且准确，在乐谱中可用"V"符号标记出来。比如我演出《玉堂春》时，对苏三唱的一段［快板］的气口是这样安排的：

> 那一日梳妆来照镜，在楼下来了沈延林。
>
> 他在楼下夸豪富，甚比公子强十分。
>
> 奴在本楼高声骂，只骂得延林脸绯红。
>
> 羞愧难当出院去，主仆二人又把巧计生。

这段唱的气口安排，我是根据自己的条件设计的，而对另外一个人就不一定合适。这是因为每个人的气质不同，条件不同，对剧中人物的理解不同，在唱腔的设计和气口的安排上也不同的缘故。

演员运用气口，并不是死板固定的，而应该是灵活多变的。作为一个演员要根据自己演唱的特点，并根据剧情的要求和人物唱腔的特点，来灵活掌握气口的安排。如果一个演员气口运用得巧妙，在演唱时，就好像是在若有若无之间，不留痕迹，犹如天衣无缝。相反，如果气口运用得不好，就会使行腔呆滞、竭蹶或者中断，出现艺病中的"慌腔"现象。

"轻重缓急"与"抑扬顿挫"

"轻重缓急"与"抑扬顿挫"是京剧旦角在演唱中用以表现人物性格和表达人物思想感情的两种惯用手法。所谓"轻重缓急"，是指音量的或大或小，音调的高低升降，以及演唱时演员所掌握尺度的或深或浅。在唱功中，"轻重缓急"的问题，首先表现在字和腔之间的关系上。一般要以字为主体，而且是为了把字烘托出来，做到"字重腔轻""字刚腔柔"。

关于"字重腔轻"的规律，一般在比较长的腔调中是很容易掌握的，就是在[快板]中，也比较明显。这是因为戏曲中的唱腔是按照字的"四声"规律来安排的。比如，《玉堂春》中苏三唱的一句[快板]：

3 | 2 | 1 | 01 | 65 | 33 | 35 |

```
那    一    日    梳 妆 来 照
6 v 5 |3535| 6 3 |01 | 5 6| 5—1|
镜， 在 楼 下 来 了  沈 延   林
```

例句中的"楼"和"延"两个字的小腔就是根据"四声"的规律来安排的。每一个音的唱法如果不分轻重，就会显得笨拙而又呆板。如果遵循"字重腔轻"的规律，那么字的"四声"变化，就会自然而然地表现出来，也会使行腔自如，悦耳动听。

唱腔中的"缓急"问题和唱调中的各种板式有着密切的关系。一般说来，不同的板式代表了人物不同的感情。比如，演员在比较安稳的情况下抒发感情时，常运用[慢板]，尺寸也最好安排得缓慢一些。但在叙述某一件事情或和别人匆忙对话时，就常常运用[快板]，尺度的变化也就比较迅速。但是，唱腔的这种或快或慢，并不是绝对的，主要还是依靠演员根据具体情况而决定。

就旦角表演来说，我的体会是，如果遇到[慢板]，因为有大腔，字少腔多，所以"缓急"的尺度最好以"缓"为主。[慢板]有个特点，它最怕唱"散"，也最容易唱"散"。如果唱"散"了，就容易"温"，不能够紧紧地抓住观众。因此，演员在唱[慢板]时，要"慢"中带"紧"，避免松散。如果遇到[快板]时，就要力求"稳"而不是"紧"了。因为[快板]最突出的特点是"快"，字多腔少，在这种情况下，很容易唱得让人听不清楚。另外，在遇到[散板]时，也要根据[散板]的特点加以区别对待。[散板]突出的特点是"散"，它没有一定的标准，完全凭演员自己灵活掌握。加上[散板]缓急的伸缩性也比较大，唱得过缓就会显得太"散"，唱得过急就可能会显得太短促，但如果演员能够掌握它的特殊规律，唱起来也并不会觉得怎么难。

所谓"抑扬顿挫"，梅兰芳先生早年在谈到唱法时解释得最为精当："同

是一个腔,怎么有的唱得好听,有的唱得不好听呢?这就是因为其中有'抑扬''顿挫''断连'的关系。我们的唱腔总以'断'为主,句断、字断,即一句之中也有断腔,一腔之中也有数断,因为能断,才可能把神情传出。同时,又可在断处换气。虽然应断,但也不可把腔唱死。应当断中有连,连中有断。"唱腔有了"抑扬顿挫",才能有起有伏,有抑有扬,有停顿也有连贯。既要高低相错,又能够顿挫相宜,才可称之为演唱之妙。演员如能恰当地运用"抑扬顿挫",并且加之以感情,就能把曲子唱活,真正显示出唱功的艺术魅力。

"抑扬顿挫"在演唱中具体可以表现为一句之中的"断腔",一腔之中的"数断"的形式。比如,在《女起解》中苏三唱的[摇板]:"老伯不走你所为何情。"我们如果把这一句按照词句来断,就应断成:"老伯不走V,你所为何情。"但在京剧中,一般都将它在"不"字的后面一断,"你"字的后面一断,断成:"老伯不V走你V所为何情。"

$$\begin{array}{cccccc} \dot{1}\dot{1} & 2.2 & 165 & 5.5 & 3 & 5 \\ \text{老伯} & & & \text{不} & & \end{array}$$

$$\begin{array}{cccccc} 6 & 1 & 6 & 5165 & 3\,3 & 5— \\ \text{走你} & & \text{所为} & \text{何} & \text{情} & \end{array}$$

上述例句中的前一种唱法虽然不能算错,但却远远不及后一种唱法更为精准,这就是"抑扬顿挫"在演唱中的妙用。

吐字、行腔与垫字

在吐字和行腔当中,首先应该注意的就是口腔的变化。就京剧中生、旦、净三种行当来讲,口腔的形状区别就挺大。一般地说,旦角唱念的口腔幅度比较小些，生角唱念时的口腔幅度比较大些，而净角唱念时的口腔幅度就要更大一些。如果演员能够掌握住口腔的幅度变化，那么吐字既能清楚，行腔也不会走了字音，而且能够真正做到行腔适度，吐字清晰真切。

记得我在科班学艺时，老师们常说："旦角的口型要适度而美观。"至于演员演唱时，口腔究竟如何变化，都是由老师们口传心授的。所以，很难在文字上表示出一种正确的或者适当的幅度来。后来，由于自己演出的机会多了，加上反复练习，虚心向有经验的老师请教，也就慢慢地掌握了旦角的口腔幅度变化的要领。

据说，程砚秋先生过去是以青衣吊嗓练功，并常常是对着镜子唱的，这也是为了使自己能够看到口腔的开合，可以随时纠正，养成良好的习惯。这个方法，我看就是在今天，也很值得学习。

在演唱时，还会遇到这样一种情况，就是需要"垫字"。"垫字"可以帮助演员在行腔至某种地方时畅通无阻。演员在行腔时，如果觉得转不过来时，就在那里垫上一个虚字；如果遇到字色沉闷，"亮不出来"的情况时，也可以在那里垫上一个虚字；如果在句末收韵，觉得原来的字过于枯涩无味，也可以垫上一个虚字加以解决。

"垫字"还有一个规律。一般来说，京剧中的唱词大都整齐，有七个字一句的，也有十个字一句的。七个字一句，其段落可分为二、二、三的形式。十个字一句的，其段落可分为三、三、四的形式。这是一种常用的规律，很值得注意。比如，《三击掌》中王宝钏唱的[西皮原板]就是七字句：

昔日｜有个｜孟姜女，
她与｜范郎｜送寒衣。
哭倒｜长城｜十万里，
至今｜美名｜万古题。

有的时候，为了照顾唱法上的方便，就要在唱词中加个字，但也不是硬加上去的。如果垫起来反倒觉得不太顺口，就不要垫。如果唱起来觉得更加顺口，就垫上。但无论垫还是不垫，也还是作为原句唱词的字数看待。比如，《三击掌》中"昔日有个孟姜女"，也可以在"昔日"后面垫上一个"里"字，垫字之后，也还当作七字句看待。

在演唱中，垫字也有非垫不可的情况。这主要还是从词义上来看。这种情况就不能算作是垫字，如原句是七字句的，并不作为八字句，下面用《采桑》中罗敷唱的［西皮慢板］为例加以说明：

三月（里）｜天气｜正艳阳，

手提（着）｜竹篮｜去采桑。

老婆婆｜两鬓｜如霜降，

织线｜织麻｜（我就）奉养高堂。

上述例句中括弧里面的字就是垫字，没有括弧的，多出一个字或者两个字的，也都不能算作垫字。比如"里""着""我就"等字，要与不要都没有什么太大关系，也不影响原句的意思，就应当作垫字论；但"奉养"二字，如果省去一个字，还勉强说得过去，但如果"老婆婆"要省去一个"婆"字，这在意思上就大不相同了，就变成了"老婆"了。在这种情况下，就应另当别论。

练气、练嗓与嗓音的保护

有句俗语叫作："钉鞋凭掌子，唱戏凭嗓子。"可见，嗓子对于一个戏曲演员来说是十分重要的。嗓子是戏曲演员的本钱，京剧的旦角更离不开嗓子。

练嗓首先就要练气。现在，有很多青年演员不太注意练气，导致用嗓时，经常是逼紧了喉咙发音，颈间部位青筋暴起，唱起来上气不接下气，脸红脖子粗。要想避免这种情况的发生，就要掌握好练气的方法。

练气时，最重要的还是用好气，要用好气就有一个技巧的问题。我的体会是，一般在感情比较平静，唱腔比较缓慢，气口的安排也比较长时，气要吸得深、吸得多些。而在演唱急促的唱腔，如[快板]时，就要吸得少、吸得浅些。在演唱高音时，气要用得多一些，所以在唱之前，非要吸足了气不可，要吸得深而且饱满。如果是唱中音或唱低音时，气可以用得少一些，也可以吸得浅一些。

要想拥有一个良好的嗓音，除了练气和喊嗓外，还有一个调嗓的问题。在科班学艺期间，我开始调嗓时，练的是《鸿鸾禧》这出戏。调嗓阶段，接触的剧目多了，越练就越有兴趣了。当时，每个学员还要练一段时间的小嗓。小嗓，行话也叫"喉嗓""假嗓""鬼嗓"。小嗓是练出来的，不是天生就有的。"盛"字辈出科后成名的最多，主要是因为他们在科班里练嗓的功夫深，而且是都练过小嗓的缘故。没有练过小嗓的，出科后失败的就多。再有，练嗓，我看也不一定天天练，要根据自己的情况而定。要由浅入深，由简入繁，由易入难，循序渐进。过累或者过于疲劳反而不好，要保持平时生活中的正常习惯。

还有一个必须注意的问题，就是变声期的嗓音保护。戏曲界习惯把演员十五六岁以前的嗓音称为"童声"，这时的声音清脆而细腻。十七八岁到二十岁，因为身体在发育，声带也随之变化。在这个阶段，有的青少年由于变声严重，连说话也感到困难，内行称为"倒仓"阶段。在这个阶段，可以说是演员发展中的一大"关"。过去有些演员因为"倒仓"倒坏了，从此一蹶不振而离开舞台的不在少数。因此，演员在"倒仓"阶段，尤其要注意嗓音的保护，还要特别注意安排适当的练声。变声期的嗓音练习，要注意少练，但不是不练。每天只练一两次，每次练十分钟左右，试探着练，时间不宜过长。试探着练，就是要时间短一些，声调低一些，音量弱一些。此外，在这一时期，还要注意少吃或者不吃刺激性较强的食物，还要注意嗓子过于热时不要急于冷饮等。

现在学戏的孩子都刚刚十一二岁，老师尤其要注意引导他们保护好自己的嗓子。因为小孩的嗓子很娇嫩，千万不能让他们过累，更不要采取连续作战的办法。比如，明天彩排，今天就应该让他们适当地休息一下，或者彩排以后再休息。

小孩学蒙戏，开始唱时，用嗓声音要小一点。教师要慢慢引导，并要深入浅出地给他们解释，什么是"西皮"，什么是"二黄"，等等。别让这些名词术语把小孩给难住了，应该让他们心中有数。如果小孩嗓子一直很好，但也不能让他整天高八度地练，这样也会练坏的。如果孩子到了"变声期"，也要给他们讲清楚道理，别让他们整天担惊受怕。

声情并茂

传统戏曲表演中讲究所谓"有情之曲"与"无情之曲"。"有情之曲"就是要求演员把自己置于角色之中，根据角色的身份、性格、遭遇、处境、心情，替人物说话，替人物向观众诉说自己内心的欢欣与痛苦，这就要求演员必须"设身处地"地代角色"立音"，向观众交心，不能在台上有"我"。演员要做到这一点，不仅要了解每一段唱词的意思，而且还要分清楚喜、怒、哀、乐、忧、思、愁，最忌讳的就是平分秋色。同时，也要了解剧情的发展和层次的变化，将全剧贯穿起来，并用声音表达清楚，这样才能使演唱达到完美的艺术表演效果。

一个戏曲演员单有良好的嗓音，只能说具备了演唱的一个最起码的条件，不一定就能够唱得悠扬婉转、悦耳动听。因为演员演唱的目的，是通过声音和词句来表达人物感情的，声音和字音只能算作演唱的一种外在表现形式，而演员的感情则是演唱的灵魂。只有当声音和感情融为一体时，做到声情并茂，演唱才能富有艺术生命，也才能感染观众。

在演唱上最忌讳的就是演员背本子，把唱腔和音符都像读书一样"照本宣科"地读出来。还有的演员认为学唱就是学腔调，只要能够把某一出戏的腔调用简谱记录下来，对谱寻声，就足够了。这种演唱虽然可以做到一字不差，一音不错，但都是"口唱而心不唱"，因此叫人听起来索然无味，既不能感动自己，也不能感动观众，这就是所谓的"无情之曲"了。

戏曲演员要做到声情并茂，在演唱中，演员的情绪一定要力求饱满，力求体现角色的性格和当时当地的思想感情。不能多少个人物，全都唱成一个大青衣，也就是所说的"千人一面""千部一腔"。应该在同一个行当中，唱出不同的人物来。比如，《武家坡》《汾河湾》《桑园会》全是青衣戏，唱腔全是[慢板]，演员应该怎样唱，才能够区分王宝钏、柳迎春、罗敷女三个性格相似而又迥然不同的人物来呢？先说王宝钏，她是相府的千金小姐，却选中了一个有志气的穷书生做自己的丈夫，没儿没女，和相府断绝了种种来往，苦守寒窑一十八载，尽管如此，但她终究是相府的千金小姐。我体会，王宝钏的唱腔，一方面要表现出千金小姐的身份和气度，另一方面也要表现出她有意志、刚强的性格特点。而柳迎春是个员外的女儿，虽然她的丈夫也是从军一十八载，但她生活上有依靠，又有儿子，精神上有寄托，她的心情与王宝钏的情况可就大不相同了，她就具有无忧无虑的性格特点。而罗敷女呢，家中有老人，与婆母相依为命，丈夫不回来，养蚕也能度日，她是一个忠厚、孝顺和善良的女性。三个人物，三种身份，这就要求演员演唱时能够掌握好尺度，才不致使三个大青衣没有了人物性格。人物不同，性格不同，身份不同，唱法也自然不同。因此，演员在演唱时，要力求动之以情、合之于理，才能达到声情并茂的境地。

念功

戏曲界有句俗语讲得好，叫作"千斤念白四两唱"，可见念白在演唱中占据很重要的地位。在京剧表演艺术中，"念白"比"唱"更难以掌握。在这里，我主要谈谈旦角的念白问题。

念

京剧的念白，实际上包括两个部分，即念和白口。念，包括的名目很多。如"引子""定场诗""数板"等。

"引子"是角色出场后所念的。一般有两句七言的，也有四句五言的，还有两句五言的。比如，《宇宙锋》中赵女上场所念的"引子"：

　　杜鹃枝头泣，血泪暗悲啼。

这就是两句五言的例子。此外，还有的"引子"带有唱腔。如《三击掌》中王宝钏出场以后所念的一段"引子"：

0 0 0　0 0 0 0 v |

五色绒线 绣彩球，

1 2 3　1 2—2 2 i—|

得　配

5 5 6 7 2 2 3 7 6 |

良

$$66V \downarrow 555 | 6—|$$
缘

这段"引子"就是两句七言的例子,其中的第二句后几个字就附带有唱腔。

还有一种念曲牌的。比如,《穆柯寨》中穆桂英上场后所唱的曲牌"点绛唇"就是:

闺中女流,

针织懒绣,

韬略有,

智广多谋,

(白)何日里,

(唱)得出头。

"定场诗"一般是在角色坐定以后,在自报家门之前所念的。大都是四句,或五言或七言,偶尔也有用四言或六言的。比如,《拾玉镯》中孙玉姣在上场时所念的一段"定场诗":

泪湿衣衫袖,

新愁加旧愁。

青春容易过,

见人面带羞。

上述例句就属五言"定场诗"。再如,《棋盘山》中的窦仙童在上场以后所念的"定场诗":

> 气昂昂巾帼中胭粉钗裙，
> 名赫赫仗武艺啸聚山林。
> 光闪闪桃花马如风似箭，
> 冷飕飕绣鸾刀能破千军。

上述例句就属十言"定场诗"。"定场诗"要能够念得恰如其分，才会增添活力，扣人心弦，收到良好的艺术表演效果。下面我再试举《穆柯寨》中穆桂英上场后的七言"定场诗"为例：

> 巾帼英雄女丈夫，
> 胜似男儿盖世无。
> 双足斜踏魁花镫，
> 战马冲开百阵图。

上述四句"定场诗"，从诗词格律上讲，当然有它的"平仄"规律，并且其中的白口也比较长，演员在念时，第一句末一字的"夫"就应该把阴平念得足足的，把"夫"字的字音拉起来，这样一来，才能和后面第二句中末尾的"无"字相互照应，高低得势，达到抑扬有致的艺术效果。第三句的"双足斜踏魁花镫"，念起来还是比较容易的。而第四句后面"百阵图"三个字，念起来就不是那么轻而易举的事，就要有所不同了，它必须念得收煞有力，才能和第二句中后面的"盖世无"三个字相区别，不然的话，两个下句就很容易错念成"一顺边"了。

"数板"是随着场面上的起板而念的。一般说来，小花脸念的"数板"比较多一些，旦角只有丑旦才念。比如，《六月雪》中的禁婆上场后所念的一段［干板］，就是很好的例子：

>我做禁婆管牢囚，
>
>十人见了九人愁。
>
>有钱的好应酬，
>
>无钱的打不罢来骂不休，
>
>哪怕旁人做对头，做对头。

京剧中的念，不论是"引子""定场诗"，还是"数板"，都要求"合辙押韵"，这样念起来才能够带有强烈的音乐性和节奏感。这也是"念"和"白口"所不尽相同的地方。

白口

说到京剧中的白口，有京白和韵白的分法。京白，是指那些比较接近于日常生活中的语言，是纯粹的北京话。比如，《鸿鸾禧》中金玉奴的一句道白："爹呀，您叫我出来有什么事吗？"这句话，如果念成京白，念时"爹"字的发音就要比较高一些，"呀"字的字音发出以后要稍微停顿一下。紧接着，"您叫我出来"几个字念完后再一停，"有什么事吗？"的"事"字就要念得尽量把字音拉得长一些。"事"字必须念成"事儿"，变成儿化音，念时显得稍微"翘"一点儿，把闺门旦的天真活泼的性格特点充分表现出来。换句话说，就是念"事"字时，稍微"缓"下。最后面的"吗"字是表示疑问的语气词，念时，要比它前面的"事"字的音量稍微重一点、稍微高一点，也就是所说的"扬"起来。全句如果这样念起来，句式中的高低抑扬、缓急顿挫的特点也就全有了，也就是说"腔"和"板"全都有了。

京白，虽说是北京话，具有轻松明快的特点，但它与人们在日常生活中所使用的语言却是不尽相同的。因为它是经过艺人们反复加工、提炼的艺术语言,是"艺术的话",所以就非要有点讲究不可。说它艺术,主要是表现在"腔"与"板"上。演员在念京白时,观众从表面上听起来似乎觉得是无"腔"无"板",其实恰恰相反,它也是有"腔"有"板"的。演员所念的每一句京白,都必须具有抑扬顿挫和轻重缓急。这里的"高低抑扬"即为"腔","缓急顿挫"即为"板"。正因为京白具有如此特点,所以才会感染观众,富有魅力。

京剧的韵白,也是一种经过艺术加工的、念起来有腔有调的白口。它通常被称为"中州韵"。"韵白"基本上系用"上口字"组成,富有较强的韵律性和节奏感。我们还举前例"爹呀,您叫我出来,有什么事吗?"一句加以说明。韵白就要念成"爹爹,唤儿出来,有何吩咐?"它特别强调"唤儿出来"的"出"字和"有何吩咐"的"何"字,而且念时让"出"字上口,"何"字也上口,这样,观众不但听起来觉得清楚,而且也觉着很有韵味,顺耳爱听。

旦角念韵白,较生角要略缓慢一些,并略带点儿昆口味。从前的许多京剧老前辈念白的昆口味就比较浓,深受观众的喜爱。在旦角的种种行当中,有的可念京白,有的也可念韵白,还有的京韵错落,或韵或京,情况也不全都是一样。

一般说来,青衣("正旦")多是扮演封建社会中的贞节烈女或贤妻良母的,其中包括已嫁或还未嫁、已有子女或还未生子女的都可以算作"青衣"。她们一般都是十五六岁到三四十岁左右的妇女形象,这些人物的性格,一般都是比较端庄和贤淑的。在念白上,"青衣"和"花衫"就不同。"青衣"的念白须上韵,它的特点是既凝重又端庄,如《汾河湾》《桑园会》等戏就是如此。

"花衫"的念白就比较复杂了。"花衫"中的"闺门旦",即指那些天真可爱、纯洁烂漫的姑娘。比如，《鸿鸾禧》中的金玉奴、《拾玉镯》中的孙玉姣等就是。在念白方面，"闺门旦"是以京白为主，但有时也有少数情况是用韵白的。比如，孙玉姣这个人物就是较好的例子。此外，"花衫"中的"玩笑旦"和"泼辣旦"就要求必须念京白了。而"小旦"，如《翠屏山》中的潘巧云、《小放牛》中的村姑、《孔雀东南飞》中的小姑子就不同了，她们多是用京白。再有，就是"武旦"和"刀马旦"，二者虽然全都是"武"的，但也有所区别，只不过是现在区别得不太明显而已。"老旦"的念白，就比较着重在"老"字上，需要念韵白。

在旦角行当中，虽然有的念"京白"，有的念"韵白"，但由于人物在剧中的身份和所处的环境不同，"韵白"和"京白"的运用也就有所变化。比如，《鸿鸾禧》中的金玉奴是属于"闺门旦"，主要是念京白。但是，当剧情发展到末场的"棒打"时，金玉奴已经成为知府的义女，身份和地位都发生了变化，所以她就改用"韵白"了。又如，《穆桂英大战洪州》中的穆桂英，是属于"刀马旦"，应该念京白。但到她挂帅以后，身份和地位也发生了变化，所以在校场上点将时，她就改为用"韵白"了。但当她与杨宗保对话时，又用的是"京白"，凡是开玩笑时都用京白。从这里我们可以看出，演员在一出戏中用的白口也是灵活多变的。

念白要区分尖团字和四声

旦角的念白和唱功一样，最容易犯的艺病之一就是尖团字和四声不分。

所谓尖团字的区别简单说来，就是咬字的不同。尖音是指用舌抵齿发出的声音，诸如"酒、旧、芹、椒、酱、鞋、小、屈、脚、尖"等字就是。团音是指用舌抵颚发出的音，诸如"久、溪、群、晓、匣、师"等字就是。

所谓四声，是指平、上、去、入四声。一般说来，平声字吐音少变化也比较平稳，上声字是先低后高，去声字是先高后低，入声字是一吐即停。如"坡"（平）、"婆"（上）、"叵"（去）、"迫"（入）就是。

旦角的念白，要求严格区分尖团字和四声。如果字音不清，念起来就很难让人听得懂了。比如，《穆柯寨》中穆桂英念的一句白口："呔，胆大黑红二汉，拾去箭雁不还，是何道理？"如果演员的嘴皮子没有劲儿，念功不过硬，口齿不清楚，"箭"字就会误念成"线"字，"雁"字就会误念成"盐"字，结果，这句话就会误念成了："呔，胆大黑红二汉，拾去线盐不还，是何道理？"上述两句对比，意思全都变了，如此念法，岂不是出了大笑话。戏曲界的行话把这种艺病称为"倒音"。

戏曲中的唱与念不同。演员在舞台上表演时，演员的唱可以借助一些伴奏的乐器，所以尖团字和四声，有时可以含混一些也还能过得去，再加上现在一般的唱词又都有字幕相配合，一般问题不大。可是，念白就与此大不相同了。它既没有伴奏的乐器，又没有字幕的辅助，所以就必须说得清晰真切，句句明白如诉，不能有半点含糊，更不能模棱两可。咬字不准确，戏曲界行话称之为艺病中的"飘"；出字不合韵理，上声字念成了去声字，尖字念成了团字，称之为艺病中的"倒"；发音含混不清，称之为艺病中的"嚼"。为了避免出现艺病中的"飘""倒"和"嚼"的现象，演员就必须勤学苦练，反复实践。

念白中的"眼"

诗中讲究"诗眼"，在戏曲表演中，演员所念的一段念白也有"眼"。念白中的"眼"就是指演员在表演时气口的选择，气口的着落之处，称之为念白中的"眼"。为什么要这样讲呢？一是为了强调和说明念白中"眼"的重要性；二是说念白中非有这个"眼"不可。这也正如我们在日常生活中与人对话交谈一样，一般来说，每讲一句话里必须有两个左右的重音。比如说，"今天你来了，冷不冷？"这句问话，说起来就不可能是平平淡淡的，就必须有重音字，才能表达出关心的感情。所以，"冷不冷"三个字的语气就要有所加重。再比如说，"今晚你来了，想吃点什么吗？"其中的"吃点什么"几个字中的"吃"和"什么"就应该是这句话中的重音字。

戏曲中的语言，虽说是经过加工和提炼的艺术语言，但也是在日常生活中的语言基础上产生的。所以，我们把日常生活中的对话所具有的重音特点运用在戏曲语言上，就产生了戏曲唱词的重音。如《玉堂春》中苏三唱的"苏三离了洪洞县，将身来在大街前"一句，其中的"洪洞县"三个字应为重音。念白中的"眼"，也有些类似于语言中的重音。它和当时剧中人物的思想感情、心理状态等有着极为密切的关系。喜、怒、悲、哀、忧、恐、思都不能平分秋色，必须予以仔细研究和推敲。如果念白中的气口安排得当，不但念的人念着顺口，而且听的人听起来也觉得舒服。比如，《十三妹》中何玉凤的一段念白："这是黄金三百两，公子带去，为你父打点前程。余下的给我妹妹作为妆奁之用，姐姐我就不给你买什么了。"如果念时中间的气口安排不当，"眼"找不准，一口气念完，就念成了："这是黄金三百两公子带去为你父打点前程余下的给我妹妹作为妆奁之用姐姐我就不给你买什么了。"好不容易，费了九牛二虎之力，才一下子念完了全句，听众也随之松了一口气。最后，还要加上一句："哎呀！可真难为你了！"假如演员果真是这样的念法，那么，观众也就根本谈不上什么"艺术享受"了。

再比如，《玉堂春》中苏三念的"犯妇有话未曾回明"一段，气口应做如下安排：

犯妇有话 V 未曾回—明—。

启禀都天大人 V：

犯妇之罪 V，并非自己所为 V，

乃皮氏大娘银钱多了 V，

将犯妇 V 买成一行死罪 V，

临行起解之时 V，

监中有人不服 V，

替犯妇 V 写下申冤大状 V，

又恐皮氏搜去 V，

因此藏在行枷之内 V。

望都天大人 V，

开一线之恩 V，

当着布、按二位大人 V，

当堂劈肘—开枷，

哎呀大 V 人哪—V，

犯妇纵死黄—泉—，

也得甘心……

上段例句中的"—"符号表示此处声调要拖长；"V"符号是指应该换气的气口。

过去听程砚秋先生的戏，每听到这一段念白时就觉得他念得好。他的这段念白，不但高低抑扬、轻重缓急安排得适当，而且吐字清楚，感情饱满，恰如其分地把苏三内心的悲苦表现出来了。

演员要把一段念白念得干净、利落和清楚，就一定要抓住念白中的"眼"，换句话说，就是要掌握好每句话中间的停顿之处。同时，还要记住，念白时，不要过于紧张，不能带有僵劲，不能到了紧要的地方，就粗了脖子、胀了筋，让听众替演员捏着一把汗。

念白要因人而异

念白，是演员在舞台上塑造人物的有力手段。正如俗语所说"听话听声，锣鼓听音"。与人初次相见，只要听一听他说话，就知道他是什么人物了。这意思就是说，通过一个人的举止言谈，就可以知道这个人的性格、脾气和爱好等。在舞台上也是如此。

比如，在《四郎探母》《翠屏山》《坐楼杀惜》这三出戏中都有小猜的情节，但由于剧中人物的身份和处境的不同，戏中三个旦角所说出来的话也就不同。《四郎探母》中的铁镜公主是萧太后的女儿，她的性格特征是庄重、善良和文静。由于夫妻之间相互关切、相互尊重，感情非常和睦融洽。她在小猜时，内心所表现出的感情是关心、试探性的。所以，杨四郎在念"今日闲暇无事，就请公主猜上一猜"时，她是以非常关心和爱戴的心情，若有所思，试探性地说："那，我就猜猜。"

《翠屏山》中的潘巧云，是一位家庭妇女，作风不够正派，杨雄又有所耳闻，想借机弄清楚。所以夫妻二人坐在屋内，就互相带些嬉笑，耍嘴皮子。潘巧云念道："那您就猜猜巴咂呢。""巴咂呢"是一句口头语，正如相声大师侯宝林先生在相声表演时所用的语言那样："要不您就这么着吧！"都是一个意思。

《坐楼杀惜》中的阎惜姣，因为她热恋着情夫张文远，所以对自己的丈夫宋江就难免抱着敷衍的态度。这样，她在小猜时，就始终流露出爱理不理，甚是不耐烦的情绪。因此，在她听到宋江要猜她的心事时，就马上顺着说道："准能猜个八九不离十！"阎惜姣当时的想法是，不管宋江猜得对与不对，她都说对。不对的她也说对，赶快猜完了宋江好走。这三出戏，全都是猜对方的心事，却是用了三种不同的念法来表现的。

又如，《四郎探母》中的铁镜公主，在她未出场之前，在后台先念了一句京白："丫头，带路哇！"她是用端庄、大方而又是命令的口吻，叫丫鬟给她先头带路。这短短的一句京白，就能鲜明地表现出即将出场的这位公主的性格特点来。当然，她的身份、地位亦在其中了。带路的"路"字是重点要强调的，稍稍走一点鼻音，听起来就能显得更有身份了。而《得意缘》中的郎霞玉，她在未出场之前也有一句："丫头，带路哇！"这一句的念法和铁镜公主的念法是不同的。郎霞玉是一位侠女，有武艺，性格天真、直率、豪爽。她与丫环的感情就比铁镜公主与丫鬟的感情要亲密得多了。她的念白，既要表现出天真、爽朗的性格特点，又要有格外亲切的感情。

总而言之，演员要想念白适度，就要具有嘴上功夫。平时的练习，主要是要练习好"唇、齿、鼻、喉、舌"五音和喷口。记得我在富连成科班学艺时，萧长华先生在指导我们练习喊嗓子时，总是习惯在墙上贴上一张纸，让我们对着纸喊完或念完一段段白口。练习结束后，纸上还不许溅上一点点的唾沫星子。这样，日久天长就卓见成效了。

另外，有些演员为了练好嘴皮子劲头，还选择一些绕口令来念，这也是一种好办法。但不管怎么说，要想念得有功夫，演员就必须狠下一番笨功夫。打好念白的基本功，才能真正掌握好念白的种种要领，在舞台上运用时，才能灵活自如、得心应手。

做功

所谓"做功"也称"做派",是指演员在舞台上的表演动作。如脸上的表情、行动、坐卧、身段、姿势和舞蹈动作等。在"四功"中,"唱、念"是演员的声音体现,"做、打"则是演员的形体体现。

演员在舞台上表演的动作和日常生活中人们的一举一动有所不同。它虽然来自生活,但是经过演员的加工、提炼、集中和概括,是具有艺术性的动作。这些表演动作都有固定的程式。一般来说,每一位演员从幼年时候起就要受到正规、严格的"做功"训练,并且需要在演出实践中不断熟悉和掌握这些基本功。这样,演员才能灵活地运用表演技巧和表演手段把剧中人物的思想和感情栩栩如生地表现出来,以引起观众的理解和共鸣。

可见,"做功"在"四功"中同"唱、念"一样,也是很重要的。

假戏真做

演员在舞台上扮演剧中人物,实际上是"假戏真做"。所谓"假戏真做"是要求演员在舞台上的一招一式,都要表现得真实,有分寸,富有生活气息,达到装谁像谁、演谁是谁的目的。

怎样才能达到"真做"呢?我以为演员必须掌握剧中人物性格的全部特点,然后才能通过符合人物的身段,把人物的个性体现出来。郑法祥先生曾说:"心得身不得不行,身得心不得也不行,必须身心一致,才能装龙像龙,装虎像虎。"这话是很有道理的。

比如《红楼二尤》这出戏:尤二姐与尤三姐虽是一家姐妹,但性格各异。尤二姐性格柔弱寡言,尤三姐则是位烈性女子,性格活泼爽朗,有反抗性。

前者是闺门旦应工,后者是花旦应工。两个人的身段差别很大。演员表演时必须认真研究两个人的性格特点,才能演出符合人物性格的身段来。

在传统戏中,旦角常常要"反串"。《铁弓缘》等戏中都有女扮男装小生的场次。演员表演起来,前后变化幅度大,所以在表演时更要注意人物的真实感和分寸感。拿《铁弓缘》中的陈秀英来说,她出身将门,是位英武俊逸的青春少女。演员在前半场主要是表现她天真中带深沉、稚气中见刚毅的性格特点,所以不论是在"茶馆"中,她对匡忠一见钟情的表演,还是在"待嫁"中幻想与匡忠拜天地那种娇羞喜悦的表演,其舞蹈身段都要显得活泼、明快。后半场陈秀英要反串长靠武生。她出场时,身着硬靠,头戴扎巾大额子,颈项间狐尾缠绕,显得英姿飒爽、气宇轩昂,人物整个身段男性化程度要强,但还要保持少女的气质,所以要洒脱、稳健、柔中见刚。

演员要做到"假戏真做",达到"似我非我,我看我,我亦非我"的地步,就是要把自己融入角色中去,才能再现出剧中人物的典型性格。

虚实相生

我国传统的戏曲艺术是以浓郁的写意传神特征著称于世的。这种写意传神的特征表现在"做功"中就是虚实相生。

所谓"虚实相生"中的"实",指的是演员在舞台上的直接表现,是观众耳闻目睹,能亲眼看到或能听到的部分。诸如演员手中的扇子、手帕、酒杯、船桨、马鞭、一桌二椅等。"虚"指的是演员在舞台上间接表现部分,是观众看不到,必须通过演员的表演才能想象出来的事物。比如,舞台上本无流水,我们却能从演员手持船桨的划船动作中,想象到波涛汹涌澎湃;本无骏马,可我们能从演员手持马鞭的表演中,似见骏马奔腾驰骋。

戏曲"做功"中的虚实结合必须通过演员虚拟的动作表演才能实现。这种虚拟的动作都有其固定的程式。如舞台上常见的开门、进门和关门的动作都有程式。一般的演法是演员第一步先拔开门闩，第二步拉开左右门板，拉的时候还要稍退半步，以免被门板撞着。拔门闩的时候也要先往前推一下，松一松门闩，才能容易地把门闩拔下。演员表演得活灵活现，十分形象逼真，虽然台上无门，胜似有门。

"做功"中的虚实相生，或是以实带虚，或是虚中见实，两者是紧密结合在一起的。演员在舞台上，通过虚拟的动作表演，把人们带到想象的生活情景之中。比如，《拾玉镯》中的孙玉姣开门、喂鸡的动作都是虚拟的，她纳鞋底时，挑线、配色、穿针、引线，穿上线后，还有三番搓线动作也都是虚拟的。这一系列的动作表现出少女活泼的性格特点，同时也把人们引入生活情景之中，让人感到真实可信。

以形传神

旦角的表演必须做到写意出形，以形传神，才能达到真切感人的艺术效果。

"形"指的是人的外形，是指旦角演员在舞台表演时的种种造型和优美动人的姿态。演员通过这种"形似"，给人以美的享受。

旦角的"形似"要求形体优美，姿态动人。动要美，静也要美。美在运动中，运动中更呈现出美。旦角的一举一动都要给人一种美感。如，《武家坡》中的王宝钏跑坡进窑一节，她进窑时左手拿着篮子和挖菜刀，右手要做涮水袖、背水袖、踏步蹲身进窑的动作，然后再回转身关门。演员表演这一系列的动作都要给人一种美感才行。

"以形传神"的"神"是指演员通过形体的美，表达出人物的感情和典型性格。拿旦角在舞台上的出场"亮相"来讲，如果演员的表演能达到稳、准、美的标准，那么就可以把人物内在的神情气质表现出来。记得梅兰芳先生演《枪挑穆天王》时，出场是十分精彩的。他出场后，先是一个慢条斯理地亮相，伴着［风入松］慢慢而行，手扬着马鞭，头略抬些，两眼随之向左右一瞟。这就把穆桂英打败焦赞、孟良，又擒住杨宗保后那不可一世的骄傲气概和豪爽性格一下子展现在观众面前，给人们留下深刻的印象。比如《苏三起解》这出戏，苏三是被践踏的下层妇女，她出场的"亮相"就很重要。一般的演法是当台上的禁卒叫"苏三走动哇！"一句时，场面"大锣一击"，此时苏三在幕后随着应呼一声"苦哇——"，起"撕边"，苏三在"大锣钮丝"中手戴镣铐上场。当"钮丝"切住，在胡琴的亮弦中，苏三再"喂呀"一哭，整个人物的身份、地位和性格显示出来，让人们感到苏三确实是一位满含冤屈、内心十分痛苦，又时刻怕挨打的妇女形象。

　　旦角演员都十分注意典型的细小动作的表演，因这种动作也能达到"以形传神"的目的。如《拾玉镯》中的孙玉姣，当她看见傅朋偷看时，已是心神不定了，再迅速急转回头去做针线活，所以心不在焉地被针扎了手指。这一细小动作把这位怀春少女被英俊少年吸引之后，内心激起的喜悦之情十分准确地表达出来了。孙玉姣拾玉镯的细节更为有趣。当她看到镯子时，很快想到这是傅朋送给她的定情物。这时她显得十分惊喜，欲拾又怕被人看见。于是，她心生一妙计，先是假意地轰鸡，然后用手绢把镯子盖上，再用脚把地下的镯子轻轻地一勾，便勾到凳边，到这时，她终于不顾羞涩地把镯子小心翼翼地拾起来。这一系列细小的动作非常细腻地把人物内心细微而又复杂的感情展现出来。

　　旦角演员在表演中要努力做到"以形传神""形神兼备"，才能把所扮演的剧中人物内心与外形有机地统一起来，收到良好的艺术效果。

以情动人

俗话说："演员不动情，观众不共鸣。"旦角表演的最终目的是"传神"。"传神"旨在"传情"。"形"中有"神"，"神"中有"情"，"情"是"做功"表演的灵魂。我认为演员在舞台上的表演要做到动之以情、以情感人，就是要具体地、准确地把人物的"喜、怒、哀、乐""哭、笑、羞、恨"等情绪充分表现出来。如同是一个哭的动作，由于剧中人物的感情不同，演员表演起来也必须有差别。在《霸王别姬》中，虞姬将要与霸王诀别，此时她内心十分悲痛，她的哭表面上要表现得镇定。《小上坟》中的萧素贞因丈夫刘禄景应试久而不归，心疑夫已身亡。她在清明日上坟哭祭时那是发自内心的真哭，其内心与外表是统一的。

又如《贵妃醉酒》中杨贵妃的三次饮酒，心境也不一样。演员就要把她内心的变化，通过形体动作准确表现出来。第一次裴力士进酒，此时杨贵妃对唐明皇失约十分嫉恨，但又要强作镇静。她左手拿杯，右手却用扇子把酒杯遮住，缓缓地饮酒，微抹嘴角，将酒杯轻轻放在盘中。第二次喝酒时，当她听到"龙凤酒"时，心中更加激起对唐明皇的怨恨，再拿起酒杯时，也无心用扇子遮了，很快地将酒饮下，稍有点醉意。第三次，她拿过酒杯，一饮而尽，显出醉态，酒杯掉在高力士的盘子里。人物三次饮酒，心境不同，动作也随之有变化，其内在的感情自然流露出来。

旦角在表演时，如果能把剧中人物的"情"体会透了，身段动作也就好设计了。

寓同于异

所谓"寓同于异"是指演员在扮演剧中人物时，要努力把握同类型人物或同一个人物性格总的特点，同时还要注意同类人物性格上的差别及同一个人物在发展中性格的变化。如王宝钏这个人物，在《三击掌》中，她还是相府小姐，举止要显得端庄典雅。而到《别窑》《武家坡》《大登殿》时，王宝钏苦守寒窑十八载，年龄也发生了变化，她的身段就要显得稳重深沉些。

"寓同于异"还有一层意思是对同样一个人物，每个演员也可以根据自己对剧情的理解在表演时有所侧重。如《贵妃醉酒》主要是表现杨贵妃独自痛饮，内心抑郁的感情。梅兰芳先生演杨贵妃侧重于表现她心理上的抑郁感。著名花旦演员于连泉先生演杨贵妃则侧重于表现她心里苦闷时的"醉态"。两位先生的表演各有千秋，都获得了良好的艺术表演效果。

戏曲"做功"中的身段动作都有固定的程式。这些程式，是经过历代艺术家的长期舞台实践，千锤百炼而形成的，它也带有过去时代的特点。今天，我们演传统戏、历史戏和现代戏都不能完全依据旧程式来表演，必须按剧情需要和人物性格特点，灵活地运用程式，更要突破程式并且不断创造新的表演技巧，这样才能适应时代发展的需要。每一位演员也只有在这种不断创新中才有所进步。

打功

我所要谈的"打功"，指的是戏曲舞台表演中的武打。这种武打也是来源于生活，是对人物各种动作的加工和提炼。它是"四功"中技术性较强的一门功夫。

京剧舞台上的许多武打动作与我国的传统武术有着密切的关系。它借鉴了传统武术的技巧，或者可以说是脱胎于武术。只不过武术是真实的，真刀真枪真剑，落地有声，而戏曲舞台上的武打则是虚拟的，是艺术化的"二武术"，是经过艺术家的加工和美化的表演艺术。戏曲中的武打是把传统武术中的真刀真枪真剑变成了道具——武器的模型，把武术中的繁复多变的种种武打动作变成了舞台上的种种程式（或者称之为"二套子"），而这些程式却又是戏曲舞台上不可缺少的重要元素。

戏曲中的武打实际上包括腿功、毯子功（包括筋斗功）和把子功这三种基本功。旦角演员的武功尤为复杂。演员在舞台上是经常运用这三种基本功的，所以每一个演员从小时起就要练好这三种基本功，这样在舞台上扮演人物才能运用自如，得心应手。

动作要准确和规范

人们常说，科班出身的演员基本功大都比较好，这是因为科班有一套严格的、传统的教学方法。在科班里，教师对学生要求极为严格，而且每位教师又都有一套自己的训练方法。如练大刀花儿，有的教师习惯让学生在走廊和夹道里练习，有的教师则强调在六尺见方的空间练习。不论哪种练习方法，其目的都是要把学生的动作练得准确和规范。这些练习方法是有可取之处的，但也不必全部遵循此道，不一定练习就要找走廊和夹道，我在科班学戏时，就不是在走廊里练习，而是在院子里练。练功者不能单单去追求练功的客观条件，而应该力求掌握各种动作的基本要点，力求动作准确和规范。在科班里，教师要求学生练刀枪时，不能碰墙，目的也是要让学生的动作达到准确和规范。如，自己一个人练习双刀大刀花儿时，就首先要找好目标，把目标当作对手。如果能打准十下，准不碰墙；如果不能打准十下，准会碰墙。又如，自己练习花枪时，不管怎么打，每个动作都要打在一个点子上，横竖一条线，不能打横，要让兵器贴着身子走。这样不间断地、持久地练习就能得艺，在舞台上表演时就会打准眼中的目标。

此外，每个人在练功时还要安排好计划和时间。我在科班学戏时，老先生常常这样安排我们的练功计划，一般是"饭前练毯子功，饭后练腿功，然后再练把子功"。再有就是先练什么，后练什么的问题，我那时常常是"先练拔顶，后练下腰"，然后再练别的。每个人根据自己的特点掌握了一套练功方法，加上勤学苦练，久而久之，就会使自己的动作有高度的灵敏性和准确性，身体也能敏捷多姿，在创造角色时便会得心应手了。

先打下后打上

演员在进行武打练习时，要学会先打下、后打上，先打下串、后打上串。上串和下串也叫"上手"和"下手"。换句话讲，演员要先学当士兵，然后再学当将军。先学被挨打的，然后再去学着打别人。演员有了挨打的体会，尝到了挨打的滋味，等到再去打别人时，就能够打得更加准确无误了，这就叫"知己知彼"。

演员先学会打下手，就是要先学好当配角。过去有专门捧角的，捧的是主角，我看很好。演员要想当好主角，首先应学会当好配角。做捧角的演员，不是低人一等。有人专演捧角，演了一辈子戏，也成了著名演员，这样的例子可以说是不胜枚举。现在的学校和剧团都不太重视配角，所以才造成谁都不愿意学演配角的情况。只愿意学打上手，不愿意学打下手，结果是捧角少了，主角演好的也是寥寥无几。如果主角和捧角在舞台上配合不好，会漏洞百出，容易出大错。

"先打下手，后打上手。"通俗来讲是指演员要想演好《狮子楼》中的武松，就要先学会演西门庆，然后再学演武松。这是因为你先学会了打下串，就明白了打下串的心理。反之，你要不会打下串的话，专学打上串，任意去打，无所顾忌，那么打下串的演员就一定吃不消。所以，演员必须先学会打下手。

先学打下串，就像现在有的人学习跳交际舞一样。男女双方总得有一个是会跳的才行，如果男的不会跳，就要先学习女方的跳法。女的会跳，也可以先领着男的跳，领来领去，双方也就熟悉了步法。现在戏校的学生都愿意当主演，争着学打上串，都愿意学习打的、踢的，不愿意学被打的、被踢的。一个演员如果没学会当被踢的，那么在舞台上踢上去也不会好看，用我们艺人的说法，叫做"不严"。演员应该先学被踢，然后再去学踢别人，这样就能够知道两个人的劲儿用在什么地方，就能够体会到在什么时候起腰，两个人就会在台上配合得协调一致、天衣无缝。所说的"严"，也就在此。

假如演员只学踢人，到了舞台上，就不能准确地知道对方什么时候起法儿。对方一个"抢背"刚起身，你一抬脚，不是踢早了，就是把腿别在什么地方了，把你摔了个跟头。这样的表演就会影响剧情，影响刻画人物，就会显得不真实。

刀、枪、棍、剑要分明

戏曲界有句俗语，叫作"棍不能当枪使"。这就是说演员在表演时，要因人物而异，该用刀就用刀，该用枪就用枪，该用棍就用棍，该用剑就用剑，决不能混同。

棍和枪的用法截然不同：棍当枪使，长短高矮都不合适。棍比枪要短一截,棍能齐眉,枪就做不到。人们常说:"宁穿破,不穿错。"讲的也是这个道理。同是枪,用法也不一样。如《白蛇传》中有一套快枪,是白素贞跟鹤鹿童开打出手之前所用的,也叫"大快枪",扎的是九个腰蓬。假如你让穆桂英也这样打,就不合适了,这也是受到服装限制的原因。在表演过程中,演员的许多动作都要受到服装的影响和限制,服装给表演带来了许多障碍。从枪的打法来看,每个剧中人物用起来也不尽相同,混同起来就不合适。

另外,快枪的打法是一扯两扯,打过来打过去。《白蛇传》中的白素贞是双枪改用大刀把的打法,一磕翻身过去,再一磕,又翻转回来,刀一直是交叉在右手上,两个人物没有"一、二、三",做完了这些动作,就是九个腰蓬,有十六枪,这可涉及"小五套"里的东西了。

总之,武打不能乱来。什么武器,就要遵循什么武器的打法,同时演员也要结合具体的剧情和剧中人物来使用。如《樊江关》这出戏,姑嫂之间因为搬兵事宜起了冲突,打了起来。两人腰间都挎着宝剑,她们一拿出宝剑就打了起来。在这里研究应该打什么套子。一般都打"九刀半",先是一亮相,然后按照"九刀半"的武打套子对打起来,这就错了。为什么错了呢?主要是因为宝剑不能打"九刀半"。"九刀半"是打单刀时用的。剑和刀的打法怎么能一样呢!剑的主要击点动作是扎、刺、滑、劈,而刀的主要动作是砍、削和抱刀等用法。所以,如果用剑也打"九刀半",就完全错了。剑如果真用了"九刀半"的打法,等到打完之后,剑一定会变成锯齿了。打个不恰当的比方,剑可以有刺的动作,如果你手拿菜刀去与对方搏斗,就不能用刺的动作,而是要用砍的动作。又如樊梨花和薛金莲出场时,手持宝剑,应是捧剑出场而不是举剑出场。宝剑不能举,单刀才能举。刀有刀法,剑有剑术。

由此看来,"棍不能当枪使,剑不能当刀用",具体说,十八般兵器各有各的套路，打法不能混同。

大、小快枪及其他

旦角演员常常要使用大快枪和小快枪。这是把子功的一套名称，也叫"枪套子"，它是每个旦角演员所必备的基本功之一。那么，怎样才能打好大小快枪呢？试以穆桂英这个人物的表演为例。穆桂英扎着大靠，打小快枪。我在科班学戏时，学会了几种表演形式。有打三个腰蓬的，也有打五个腰蓬的，这些也都是指打快枪来说的。《穆柯寨》中的穆桂英打的就是五个腰蓬。这主要是根据剧中人物的服装，根据剧情发展的需要而使用的。就单说顺着打吧，总要打得像一条线似的，这样不管你怎么拿着枪打大快枪，也跟靠旗碰不上。

此外，剧中人物不同，打法也各异。同是用快枪，《穆柯寨》中的穆桂英的打法和《金山寺》中白素贞的打法就不同。《穆柯寨》中的穆桂英，用的就是单枪，扎大靠。如果改用了双枪，英雄气度就没了，显得太小了。因为穆桂英是和杨宗保对打时用枪，他们是比武，不是真打，如果真打，就凭穆桂英的武艺，早就把杨宗保打败了。为什么不是真打呢？这是剧情内容决定的。杨宗保是世代忠良，穆桂英早有所闻，并深深地钦佩。她把爱慕之情深埋在心底，对枪一场，正是这种爱慕之心的表露。在双方对打时，本来穆桂英的武艺要略胜一筹，可是因穆桂英有爱慕之心，总是不打在要害之处，处处都是保护性的动作。虽然如此，由于双方的性格特点不同，在表演动作上就不相同。杨宗保打不过穆桂英，但又不服气，他是一再拼力招架，是用尽全力真杀真砍。如果说穆桂英的打法是虚晃的，那么杨宗保在这里的打法则全是实的。两个人一实一虚，越打越起劲，打出了感情，打出人物性格来了。

确实也有演员不根据剧情和人物表演的。还以穆桂英和杨宗保对打为例。两个人本是马上对打的动作，可是有的人演起来偏偏不假思索地用在马下。如穆桂英用枪往前一扎的动作，是要让杨宗保抓住枪头，然后穆桂英再一抛，这里的表演是在马上。可有的人表演时，却在这一抛的动作后面，来一个大转身的动作，真是个笑话，在马上怎么能够转过身来呢？这就是马上马下不分，把本来是马下的动作搬到了马上，失去了真实感。观众稍加思考，就会啼笑皆非。

过去在科班里，老先生为了让学生少犯类似的错误，经常嘱咐学生要记住一些口诀，如"水里不能说话""马上不能跺脚""马鞭不能触地""云肘不能画圈"等，我看仍然值得借鉴。就拿"马鞭不能触地"来说，如果演员偏要把马鞭触地，就一定是不在马上，或是摔下马来了。"云肘不能画圈"是因为云肘大多为太监用的习惯动作，常常是前仰后合，如果有画圈动作，那就一定不对了。《李陵碑》中的杨七郎用云肘画圈，是表示旋风，是代以表示鬼魂的工具。帝王、太监之类的人物就不画圈。

武打的气口

唱要有气口，打也要讲究气口。所谓"武打的气口"，就是指演员在表演武打时换气的地方。如果演员在台上表演不会呼吸，只是一个劲儿地做动作，打来打去，就会脸红脖子粗、上气不接下气，影响刻画人物，失去了表演的艺术美。演员要想打得连贯，在表演时脸不变色心不跳，就要在打的过程中讲究气口的运用。

武打的气口的掌握，要根据演员自身的条件和剧情需要而定，这没有什么固定的格式。只不过是要在练功时，演员就应找准了气口，上台表演前，要把气口记住，这就全靠平时练就的功夫了。比如《棋盘山》这出戏，我在扮演窦仙童时，常常是这样安排武打的气口。如在和薛金莲对打时，因两个人物各有各的心理，所以在对打时，我在表演砍头、转身、亮相等动作之间，都要换上一口气。可以说，这也就是我在进行这一套动作表演时所安排气口的地方。

总之，武打换气时，不要大吸大呼，要平稳地暗吸暗呼，或是在打完一个动作的一刹那，或是在转身的当口，或是在背向观众的一瞬间，换上一口气。演员要结合剧情，打出人物性格来，必须注意气口的安排，如果武打的气口安排得好，演员在舞台上打起来就会给观众以艺术美的享受。

武旦与刀马旦

武旦和刀马旦在武打上也有些区别。比如，两个行当出手的功法就不同，因为剧中的人物性格不同，所以武旦的表演大都比刀马旦要泼辣些，武旦大都是打衣打裤，武旦的表演手法放在刀马旦的表演中就不合适。如快枪的运用，一磕大刀花儿，用双枪就比较好看，如用单枪就不好看。杨排风使用的棍也是如此。《白蛇传》中的白素贞转身回来的表演也可变把，变成枪把，接着一刺腰篷。如果用棍就不能变把，在这里双枪可以当棍把使，向对耍花儿，但反过来棍就不能当枪使，双枪打起来可以扎，如果用棍就不能有扎的动作，所说的区别也就在这里。杨排风手里拿着棍，如果当枪使，像用枪一样地扎，就不合适了。不管使用什么武器，都要入套子，不能乱用。京剧舞台上的刀、枪、棍、剑都有一定的程式，用法不能相混。如果把张飞使的丈八矛换成枪，就不伦不类了，也不符合人物本身的性格特点。每个人物都有自己的个性，使用什么样的武器也要符合人物的性格特点，不能随意改变。

再有一点，就是演员在舞台上要时刻认识到所要表现的是剧中人物。这样，每一个动作和表情都要符合剧情需要和人物性格，决不能变成卖弄技巧。同时，也不能因为自己有某方面特长，就不考虑演的是什么人物、什么戏，都一概用快枪。每一个演员都不能一辈子在台上总是演一个角色，这就要求演员的基本功要全面，会的戏要多一点儿，才能够充分把握各种人物的性格特点，上舞台后就不至于会上不会下、会下不会上了。

"武戏文唱"与"文戏武唱"

戏曲界常说"武戏文唱""文戏武唱"。演员要做到这点是不容易的，武戏演员的翻、打、扑、跌要求漂、帅、脆，功夫要瓷实全面，这绝不是一朝一夕所能做到的，必须经过一番苦练，才能练出真功夫来。"功夫不负有心人。"前辈十三旦，年迈八十还能唱《辛安驿》，就是因为他练武功从不间断，一招一式、横平竖直都打下了坚实的基础，所以他八十岁活动在舞台上，还能随心所欲，得心应手。

"武戏文唱"是说武戏再热闹也要有美的感觉。演员的一招一式要让观众看着舒服。著名武生厉慧良，不管是"开打"还是"耍下场"，他的翎子和穗子没有一样能妨碍他，似乎这些东西都老实极了，观众在台下也从来没有为他担过心。他不慌不乱，这才叫武戏文唱。我也曾看过有人演《穆柯寨》，竟然打得满台飞珠子，连穗子带珠子全都碎了，可算难堪到家了。这说明他的功夫还不到家，上了台等锣鼓点一响，他也随着忙乱起来，就成了武戏武唱了。

说到"文戏武唱"，我先讲个小事。早年，梅兰芳先生在上海演出《天女散花》，盖叫天先生连听了三天戏。后来他感慨万分地说："我以前光听说梅兰芳好，可并不佩服，因没亲眼看过他的戏。现在我佩服了！他有真玩意儿，如果没有过硬的基本功，是唱不了这出戏的。《贵妃醉酒》也同样如此。"从这件事中，我们可以悟出一个道理：唱文戏没有武功也是不行的。如《武家坡》中的跑坡、《甘露寺》中的跑车，如果演员没有较好的脚下功夫，又如何能跑得美呢！

打功在四功中很重要，而且要求的技术性也较高。每一个演员，不管如何练法，都要由浅入深，由简单动作到复杂动作，循序渐进地练好基本功，这样在舞台上表演时，才能获得好的艺术效果。

（孙世文、孙长志整理）

本文是由毛世来先生口述，由孙世文、孙长志整理的。原载1983年《吉林戏剧》。遗憾的是毛先生刚刚谈完"四功"时，由于病情加重无法继续口述"五法"。因本文题目是毛先生所定，所以仍保留原题目。

——编者

老树新枝开奇花
——写在宋长荣师弟来长公演之际

毛世来

千里冰封，万里雪飘，这正是戏曲上座的淡季，有些人甚至认为"京剧已经发生危机"。可是江苏省淮阴地区京剧团的《红娘》一剧，却给长春增添了春色。扮演红娘的是"四大名旦"之一荀慧生老师晚年所收的最后一个学生——宋长荣，他与我虽属同师，但因地处南北，始终未得见面，可以说是只闻其名未见其人吧！这次他初到东北演出，以精湛的技艺轰动三省，我真为荀派艺术重放光华、后继有人而庆幸。长荣的表演，有继承、有发展、有创新，我认为这条路走得很对。清"十三绝"为什么称为"绝"，就因为人家有"绝活"，有特色，不同凡响。而后的旦行佼佼者，如陈德霖、王瑶卿等，我还都赶上了，还曾经向他们请教，他们对旧的程式给予了很大的改进，在唱、念、做、打上各方兼顾，并且也教出了不少好的学生，如梅、程、荀、尚、筱（翠花）等。他们集前人之所长，又根据个人的特点，不断努力捅开窍要，创造了不同的流派与风格。

回想往事，历历在目。我少时入富连成科班学戏，由于班里流行"师父教徒弟，师哥带师弟"，所以我跟于连泉先生（艺名筱翠花）学的戏比较多，第一次与李万春先生赴沪公演，获得了各界的赞誉，也听取了许多名家的意见，受益良多，使我步上了学荀派艺术的道路。1944年，在鄂吕弓先生的介绍下，我终于如愿以偿，拜荀慧生先生为师了。他那时正值壮年，已是鼎鼎大名的"四大名旦"之一了。先生最初教了我四出荀派戏：《红娘》《荀灌娘》《红楼二尤》《勘玉钏》。我越学越爱学，以后简直着了迷。天天下午两点多，我就到老师的寓所"小留香馆"去学戏，听讲戏理及分析人物。他老人家的音容笑貌至今难忘，他不仅是一位大艺术家，而且是一位给予学生谆谆教诲的良师，也是梨园中的识马伯乐。他诲人不倦，并且全力支持学生。使我终生难忘的一件事，是荀师主动提出的要与我合作演出《棋盘山》，在书房里陪着我排练，而他老人家甘当配角窦仙童，让我主演薛金莲。这真是提携后辈，不遗余力。这次长荣及凌云两位师弟来长后，都专程来看望了我。对已故的荀师缅怀思念，成了我们谈话的主题。一个人成了名，更要饮水思源，不能忘本。长荣师弟受业于荀师晚年，为什么他在舞台上能够光彩照人，重展荀派艺术的风貌？这就是他勤学苦练、业精于勤的结果，是他虚心听取意见，不断探索创新所取得的收获！

我看到长荣师弟演出的《红娘》，百感交集，又赶上荀师逝世十四周年，不由得就想起了荀师，也联想到自己。听说"荀派艺术专场"一月份就要在天津市举行了，荀门桃李童芷苓、吴素秋、陈永玲、荀令莱、尚明珠、赵慧秋、王紫苓及长荣师弟等人都要荟萃津门，同台演出荀派剧目。这是一次弘扬我国光辉灿烂的民族戏剧艺术、赞扬戏曲流派创始人的历史功绩、提倡继承发展流派艺术的盛会。可惜我有病不能与师妹、师弟们同台献艺了，但我要把所会的艺术毫不保留地教给青年一代。看到长荣师弟的精彩演出及多达六、七次谢幕的情景，我感到由衷的高兴，也很放心了。真诚地希望长荣师弟更上一层楼，为京剧事业的兴旺与创新，做出更大的贡献。

（凌云整理）

原载于《长春日报》

旧文摘抄

毛世来富连成三年史

毛世来,北平人,现年十三岁,为斌庆社毛庆来之弟。

十一岁时入富连成学艺,补入第五科,艺名世来。开蒙从该社教授李连贞学青衣《朱砂痣》。并从教授萧连芳学《独占花魁》之瑶琴、《断桥》之白蛇,以及《铁弓缘》《董家山》《扫地挂画》等剧。并从教授萧长华学《拾玉镯》。此子扮相娇小玲珑,容颜端丽,其眉目间颇似名旦尚小云,以之扮演旦角殊无疵可指。性沉默寡言,极为师友所爱重,亦五科中品学兼优之弟子也。

旧报摘

此报摘均为中华人民共和国成立前报刊登载的文章及演出广告，因年代久远，反复翻印，故字迹不甚清楚，仅作为史料供读者一览，望体谅。

——编者

五世其昌

舍予

富连成在先曰喜连成，至现在共出五科，即喜连富盛世。人才辈出，各负名誉。独有旦角，在一科难得有二人以上成名。在前姑不论，即较近之连字辈，亦仅小翠花耳。世字旦角，则有世来、世善、世芳，均为南北戏曲界所一致赞许。一般舆论莫不公认为质美艺优，故彼等出世以来，都见绝尘，在该科班不可谓非至世始盛。今黄金已将世中三杰，罗致其二，并益以配搭扶持之世鑫、世菊、世玉，荟萃当前，不妨戏称五子登台为登科也。想富连成创办之初，又何尝料到有人今日在此大书特书这五世其昌的颂语。

荀慧生勖勉毛世来

乱石

毛世来是荀慧生门人，世来两次来沪，慧生均为函恳海上评剧家，推屋乌之爱，予以捧场。世来此番走红，慧生在"私底下"尽力不少，其功不可没也。世来对于老师，亦殊尊敬，常寓书北平，向慧生报告登台情形，并向道谢，最近世来北返有日，成功而去，又曾函告归期，慧生闻之，大为欣慰，但对世来，仍有勖勉之词，前日世来接慧生自平来函，可见一斑，兹录原函于后：

世来贤契英鉴：两奉来函，均悉，闻台下人缘甚好，上座极盛，殊堪欣慰。要知盛名之下，难求名副其实，学无止境，望尔勉之。把晤非遥，余容面谈，忽此，即颂旅祺。慧生手泐。

愚最佩服慧生之"盛名之下，难求名副其实"二语，诚是金玉良言，不愧为名伶之严师也。

小言

吕弓

晚来电影业，突飞猛进。崇楼崚厦，层出不穷，由舶来而国制，由无声而有声，蔚然登峰造极。回顾国剧，虽幸免于淘汰，然早瞠目于后，究其故，固由于观众之好奇尚异，人才缺乏亦为极显著之事实。叔岩多病，老牛几成绝响；青衣花衫，舍梅荀程尚外，实已脱节；武生自小楼仙化，更是传钵无人。值兹人才零落，梨园日颓之秋，黄金得万春世来合作，打破孤岛沉寂，登台之夜七时即告客满，虽畹华同时在大上海开演，亦未示弱，初出洞猫儿很似虎，世来之谓欤。万春之短打如《林冲夜奔》及《安天会》等剧，确得小楼三昧，步法轻健，身段亦干净灵活。世来二月初始出科，即应黄金之聘，第一夕演《铁弓缘》茶房起团圆止，前段念做，已如炉火纯青，后段扮小生，歌来亦有绕梁之妙，开打尤见功夫，其快枪把子，可谓出色当行，如非万春去皇甫刚，他人定难搭配，其演《十二红》，尤脍炙人口。按斯剧目老旦做下典型，末场须摔壳子，已成绝响，非不演也，是不能也，演贴旦而能摔壳子，前有十三旦，后只毛世来，他人诚难望其项背矣。闻世来近从昆腔名旦朱传茗习昆剧，他日诣造，不可限量，花旦剧用武生根底，习慧生及所在之长，曾于一炉而熔冶之，再于腔韵，多加琢磨，则继四大名旦之后者，非世来莫属，继小楼之后，亦只万春一人而已，仍望努力迈进，毋故步自封，俾江河日下之国剧，能有中兴之望也，万春世来勉乎哉。

我对于毛世来的期望

梅花馆主

"三年准出一状元，未必出一名角"。的确，从前科举的时候，三年之中保险准有一个状元出世，梨园行中的名角，不要说三年不能保险，就是六年、九年，亦未必定有希望，从富连成科班旦角人才缺乏一点来看，就是一个绝好的明证。

富连成科班产生出来的旦角，人数虽已不少，但是能挂头牌能享大名的角儿，试问能有几个？最近六七年来，倒是有不少资质颖慧可以造就的人才，如盛字辈的青衣陈盛荪，花旦刘盛莲、仲盛珍，世字辈的花衫李世芳和毛世来，都是头角峥嵘、出类拔萃的佳料，哪知出科以后，潦倒的潦倒，夭折的夭折。盛莲盛珍，先后病故，盛荪已沦为二路配角，世芳本来希望较大，不料出科适遇倒嗓，关口变好变坏，尚在两可，所借以支撑富社门楣者，只有世来一人，才难之叹，观乎富社之衰颓而益信。

世来之艺，唱做俱擅，文武不挡，确是一个全能的材料，上次来沪，奏艺四十余天，观众的口碑，可说有誉而无毁，就是我们同文当中，论调亦非常一致，期许之殷，与当年热望荀慧生之成名并无两样，老友鄂吕弓兄，更出全力为之捧场，诱掖奖劝，不遗余力。世来经此熏陶，不特于艺术方面得益不少，就是于交际方面亦的确受着许多的好处，当初四大名旦之成功，一半固然靠自身艺术之进取，一半还得仰道良师畏友的提携，倘使世来能够依着这个轨道，循序渐进，几年之后，自然更有发扬光大之一日，现时的收获，不过是一种初步的成功而已。

世来坐科的时候，所学的戏，大部分是于连泉的一路，最著名的，如《双钉记》《双铃记》《战宛城》《红梅阁》《乌龙院》一类花旦戏。所以在两三年之前，早已有了"小筱翠花"的荣号，上次出演黄金，院方根据旧都的情形，当然亦拿"小筱翠花"的旗帜来作号召的工具。世来本人，亦尽量拿连泉来作楷模，一举一动，悉心仿效，唯恐不肖连泉，关于这一点，同文中如杨中中、林老揣、舒舍予诸君，似乎都很不表同情，他们的意思不外下列几点：一是十几岁的孩童，应该从唱做兼重的大路戏入手，专工泼辣一路，究属偏锋。二是世来的戏路很宽，如慧生所擅的《十三妹》《雌雄鞭》《文章会》《小放牛》《棒打薄情》《头二本虹霓关》等，世来亦很精擅，所以与其说他是"小筱翠花"，还不如称他是"小荀慧生"。三是表演《双钉记》《双铃记》二剧，第一须有狠劲，第二要把白金莲、赵玉儿的个性揣摩得透彻，第三还得要有人间世上各种的阅历，有了上面三个条件，才能把双钉双铃二剧表演得情景逼真。世来是一个初出茅庐的小孩子，阅历既浅，心地又是纯洁，以一个天真烂漫的小孩子，叫他来表演老吃老做、杀人不眨眼、视吃官司当便夜饭吃的大淫妇，试问宜乎不宜？上述三种理由，确是很有见地，而且于世来将来的进取上，更有深切的关系，鄙人对于这个贡献，十二万分的赞同，但不知世来本人，和爱护世来的吕弓先生以为怎样？

毛世来打炮戏之我观

慕来耘

毛世来五弟南来，殊为欣慰，相见之日，执我之手言曰："大哥，好久不见。"其态度已不若去岁忸怩，不敢人前共语矣。世来为庆来之五弟，未起节之日庆来尝投寸楮，嘱为照拂，其实海上不乏捧毛者，殊不必我为之努力矣。

世来此来，打炮戏为《辛安驿》《红梅阁》《大英杰烈》三剧，较之去岁进步所谓速矣，《辛安驿》为花旦应工之佳剧，当年毛韵珂曾以此剧，克享盛名，翠花亦然，顾此剧身段特多，或有翠花不及荀慧生者，斯固白觉之言，然《辛安驿》为梆子名剧。荀慧生出身梆子，或较慧生为佳耳，毛世来有"小筱翠花"之誉，斯剧必不弱，且昨夜已上演，姑不之赘，《红梅阁》《西湖阴配》，亦为梆子名剧，其翻打跌扑，无一不重，斯剧亦为荀慧生拿手，据荀语记者，谓昔日演《红梅阁》，必数进伤药，盖摔将起来，无幼功不能一试也。今日慧生老矣，翠花此剧，亦不常演，所能一解饥渴之李慧娘，有数事足以注意，一即跷功，科班跷功，不若海上坤角，能装上软跷，唱一句鸿鸾禧者，即言跷功，科班练此，夜以继日，尝见富连成之小花旦，练《小放牛》《打杠子》《小上坟》诸剧，如蝴蝶之穿花始为练跷，世来之舞跷不仅于舞台上，见其工稳，跌扑之时，亦能戛然而立。不仅求之南方，未能多见，即北地小花旦，亦未必有几位也。二扮相，世来之面庞，英姿飒爽，双目炯炯有神，以之扮花旦，泼辣娇艳，兼而有之，荀以之饰青衣，则略现佻健，不免一枝红杏出墙来之讥也。李慧娘煞气冲冲，用眼神之处殊多，书房之中，则又须春意盎然，始克尽其职，以毛世来之泼辣凶悍，用之前场以娇艳昳丽，用之书房，又当叫绝。其三为跌扑，世来之幼工，不仅为花旦、武旦之上力亦有，举凡花旦之软硬抢背，五龙揽柱，莫不能之，有此三点，《红梅阁》之精彩，殊可以想见也，益以江世玉之裴舜卿，裘盛戎之贾似道，艾世菊之家人，配搭又非他班所及，黄金昨夜虽客满，今夜恐亦不免于客满也。毛五之《英杰烈》，海上人士，早已见之，殊不此多赘。

与毛世来君论眼神

苏少卿

　　梨园晚出之秀,颇不之才,卑人别春明又五年矣,目所得见者,十之一二焉,今蜗居海上,不常出入歌楼,初来上海之雏伶,或有未谋一面者,故其得失成败之究竟,吾则不暇关心矣。昨日老友吕弓筵上,遇花旦毛世来君,问其年,云十九,观其貌,甚韶秀,察其性情,则沉默寡言笑,继而窥其眼神,略少妩媚,不类唱花旦者,所谓英华内蕴而不外露者也,吾虽未见其艺,于此可以知之矣,虽然江南水软气湿,性好流动,其赏鉴目力,与北方之强有不同,北人喜狠辣,南人喜风韵,花旦风神,尤在于目,世来聪明内含,何不发之于眼梢?昔见路三宝演《双摇会》,求神时目上望,其光凝聚如有神,在空传情之用,又不仅在眼梢也,目之美者,吾见昆旦周凤林、贾碧云,虽曰天赋,亦假人工,坤旦雪艳琴,极善用眼神,梆子花旦眼上功夫最深,极得诗经美目盼兮之妙,数千年前,北方美人必有矐睐工夫之秘,故有倾城倾国之说,梆子班花旦,盖得其传焉,南方美人,恃其秀目天成,不用功夫,其传情也,多以暗示,劲力不足,舞台上不宜于暗,此理甚明,故予谓练习用眼功夫,仍当求之北方,梆子花旦,绝好模型,毛君其以吾言为然耶?

梨园春秋

纪念毛世来先生
百年诞辰艺术文集

怀念毛世来先生

梁小鸾

吉林省戏曲学校要为毛世来编书，闻听此事我心中万分高兴。毛先生这位红于剧坛的表演艺术家，终于有介绍他艺术生涯的书了。我和毛先生虽是同时期的京剧旦角演员，但从未在一个班社共事，也从未同在一出戏里合作演出过，我们都各有自己的班社。但不论在京城，还是在异地，我们都时有相遇。我看他演的戏不多，但是毛先生精湛的表演艺术，给我留下了很深的印象，使我非常钦佩。由于他自幼坐科富连成，幼功极为扎实，尤其他的"跷功"极好，那是有目共睹、众所公认的，受到京剧界内外的一致好评。而且他的戏路宽绰，能戏极多。《小上坟》《打樱桃》《辛安驿》《翠屏山》《战宛城》《棋盘山》《大英杰烈》《南界关》等，都是他的拿手杰作。他还能兼演小生戏，如《白门楼》等。他曾得到萧长华、筱翠花、尚小云等先生的传授，又拜了梅兰芳、荀慧生两位先生为师，得此诸多前辈名家的教益，其技艺自然非同凡响，早在科班学艺之时，即已小有名气。无论唱、念、做、打，他都得心应手，被誉为"四小名旦"之一是当之无愧的。

20世纪60年代，我与毛世来先生同在长春工作，却不在同一单位。他是1958年率"和平社"（当时有王玉蓉大姐参加）落户长春，任省京剧团团长。我是1960年才到长春的，当时是因锦玉春奉原吉林省文化局刘西林副局长之命，来京邀我赴长春演出，原为借调性质，但省委原宣传部部长宋振庭等各级领导同志都对我极为厚爱并诚恳挽留。他们那种团结艺人、尊重艺人的一片诚意，使我深受感动。当时毛世来先生已由省京剧团调到吉林省戏校担任副校长工作了，故任命我为省京剧团团长，自此落户吉林，不久剧团改为剧院建制，我又被任命为副院长。1962年，由张伯驹老先生发起举办纪念余叔岩先生的演出，此事得到毛校长的大力支持。原计划演出十出余派代表剧目，但由于种种原因仅演出了一场，其中有我和张伯老的《游龙戏凤》，以及毛校长的头本《虹霓关》等戏。我与毛校长虽未同戏，但终于有机会在同一舞台、同一晚会上演出了。那时毛先生40岁出头，正是盛年。他演东方氏，武功真没说的，那一场武打戏十分精彩。此次演出博得观众阵阵掌声，使我至今难忘。当时我和毛校长、张伯老都已是吉林省政协委员，吉林省各级领导都对毛先生极为器重，时常听到对他的工作和艺术的赞誉。

1987年，吉林省戏曲学校要录制我的舞台艺术片留作资料，10月初我又重返长春，因要录制《醉酒》《宇宙锋》《西施》《生死恨》《凤还巢》《春秋配》《奇双会》和《甘露寺·洞房》等八出梅派剧目，故须在长春滞留一段时间。因此，省戏校便借此机会，特意安排了拜访毛世来校长的活动，我们在现任校长邓惜华先生的陪同下，来到了戏校"高知楼"。同去拜访的还有为录像伴奏的琴师陈涵清、二胡张次云和小生祝宽等先生。在毛校长府中，我与毛先生又重逢了。虽然他患有中风病症，但那天他精神极好，在其夫人的搀扶下来到客厅，他笑容满面，高兴极了，我们的交谈极为融洽、真挚，他还用手指点着墙壁上悬挂的大幅剧照说："这是我早期拍摄的剧照。"其中有《四郎探母》《虹霓关》《小放牛》《拾玉镯》和《潘金莲》等。此次拜访，是我们最后一次见面。1994年，毛先生仙逝的噩耗传到京城，令我们极为痛惜。不禁想到他当年舞台上的英姿，想到他晚年又为京剧事业培养了那么多接班人。其中，不少人如今已是戏曲事业的中坚力量，如邢美珠、王继珠、徐枫、王凤霞等人。毛先生对京剧事业的发展和戏曲教学，都作出了极大贡献，他不愧是一位京剧表演艺术家和戏曲教育家。

刘松崑 整理

1998年8月于北京

小五舅

吴素秋

毛世来是属猴的,我属狗,仅比我大两岁,可是我还得叫他"小五舅"。为什么?因为他的姐夫陈盛荪先生是我7岁学戏时教青衣的启蒙老师,师娘就是毛家的姑奶奶,姐弟相貌生得很像。小时候叫他一声"五舅",我嘴里不说什么,可是心里在想,你也是个小屁孩子,和我一般高,我还得叫你"舅儿"。昔日童心想起来多可笑!

世来在富连成世字辈里是花旦第一名,他"跷功"又好又稳,灵活大方。基本功好,功底瓷实,扮相俏秀。一双眼睛长得好看,双眼皮,虽然眼睛不是很大,可是有神、有光彩。他和同科的演员叶世长、李世芳、江世玉、詹世甫等师兄弟总在一起演出,很多观众喜欢看他们的戏。尚小云老师还到富社给他们排戏,如《娟娟》《金瓶女》《昆仑剑侠传》等。1936年他和世芳同拜梅兰芳大师。出科后又学了荀派戏,如《红娘》《红楼二尤》等。他踩着跷能从桌上翻抢背下来,扑虎、五龙搅柱运用自如。我特别欣赏他的盘腿屁股坐子,他是蹦起来先盘腿再往下坐,因为起得高,观众看着很好看。他上场脚步也有特色,两只胳膊向后弯曲,不是前后或左右摆动,迈步也不是小碎步,很自然。后来我每次给学生说戏时,说到各种脚步时,内中就有世来的动作。他的念白也是快慢适度,使观众听得很清楚,台词交代得很明。他出科后,李万春先生很喜欢他的表演艺术,邀他去上海演出,第一天打炮戏为《大英杰烈》,李先生为了扶植他,扮演王甫刚甘当配角。第二天,又和他演出《武松与潘金莲》。

1958年他调到吉林省，先后任省京剧团团长、省戏校副校长。时任中共吉林省委宣传部部长宋振庭同志非常喜欢京剧，十分重视毛世来，希望他能培养出更多的接班人。后来他因病半身不遂，1982年我去吉林省收徒，示范演出，特意去看望他。"小五舅"虽已能走路，手脚还是不灵活，看到他的状态我心里很难过，很惋惜。如果他没有病，能在舞台上示范演出该多好！就是私下给学生说戏也能亲自走出来，使孩子们能更多地得到教益。可惜我这位"小五舅"没有留下影片，也没看到他的录像，真是非常遗憾！

王世续教授是世字辈的老生，我向他了解世来在科里的一些情况，他说世来刻苦学习，演出认真。他向苏雨卿老师学青衣戏，戏曲前辈萧长华老师也给他说过戏，大多数花旦戏都是萧连芳先生教的。他常演的剧目很多，如《拾玉镯》《铁弓缘》《打花鼓》《打面缸》《小放牛》《小上坟》《探亲家》《春香闹学》《十三妹》《巴骆和》《下河南》《翠屏山》《乌龙院》《得意缘》《马思远》《大劈棺》《一匹布》《战宛城》《马赛花》《扫地挂画》等，还有《尼姑思凡》《独占花魁》《虹霓关》《马上缘》《奇双会》。世续还说有一件事他印象很深：一次在演出前世来患脚病已感染（踩跷所致），老师叫他不要绑跷了，他为了演出质量，就忍痛踩跷完成了任务。世续对世来的逝世十分惋惜！

如今"四小名旦"都相继去了，我希望戏剧界老前辈、广大京剧爱好者，多写一些关于他们的高超技艺、舞台经验和高尚品格的文章，以便留给青年演员学习和参考。世来是一位难得的好老师啊！

1998年8月4日于北京

忆毛世来

苏盛琴

我父亲苏雨卿，在富连成科班（最早名叫喜连升，后改喜连成，民国以后才改富连成）初建时，被聘到科里主教旦角青衣戏。曾教过喜、连、富、盛、世一至五科的学生，同时还担任科里的管事，与萧长华老先生等人一起直接辅佐社长叶春善办理科里的一切事务。那时，我们弟兄几人都在富连成学戏、演戏。我是四科学生，毕业后留科任教。教过五科（世字科）、六科（元字科）、七科（韵字科）的学生。毛世来是世字科的，工花旦，主要演玩笑旦、花旦，还有武戏，有时也向我学青衣戏。那时候，不管是学青衣、花旦还是学文的、学武的都一起学戏，李世芳、阎世善、班世超、陈元碧、冀韵兰等人都在我班上学过，只是学习时对各行当有所侧重。

毛世来很聪明也很用功，什么戏一学就会，11岁就登台演大戏了。他喜欢武戏，练功刻苦，幼功瓷实，有底子，还长于"跷功"。他常演的戏有《马思远开茶馆》《大英杰烈》《辛安驿》《拾玉镯》《十三妹》《小放牛》《金山寺·断桥》《大劈馆》等戏，受到观众的普遍赞誉。唱花旦戏一般都要跐跷，毛世来的跷功特别好，又因为他的个子矮，所以他演什么戏都跐跷。比如《玉堂春》中，三堂会审时唱那句"回龙""啊啊啊啊……大人哪！"的时候，跷起一条腿，亮出跷来，观众场场叫好。又如《十二红》，戏里有五鬼抛叉，他接叉摔锞子，很见功夫，由于一般花旦不练这个功，都不学这出戏，所以《十二红》成了毛世来擅长的剧目。

旧社会，科班里学戏都讲打，我也习惯于打学生，不懂得说服教育。

可是打也真管用，打一回比教几回都学得快、记得牢。老师们都喜欢不犯规矩、用心学习、刻苦练功和受观众欢迎的学生，毛世来就是这类学生。由于他学得快，多学了不少东西，科里还给他涨小份儿，有时一涨就是俩小子儿（一个小子儿就能买一顿早点）。科里的规矩就是学生不准出去，一年也没几天假，每年三月十八放一天，五月初五放一天，年底封箱以后能放几天，大年三十就得回来，准备初一开戏演出。整年就是天天学戏、演戏，毛世来学得又快又多，眼前的花旦戏他都会了，有些青衣戏、武戏他也都会。15岁就在科里红了，挑大梁了。所以，他刚出科就能挑班唱戏。

毛世来在科里时就拜了尚小云和梅兰芳为师，又在《立言报》童伶选举中当选为旦角第一名，李世芳当选为主席。记得发奖大会非常隆重，李世芳还戴上了冕旒，李世芳、毛世来还分别讲了话。后来他们俩又被选为"四小名旦"，真不容易，小小年纪就都成了好角儿。

毛世来出科以后就到上海演戏去了，反响很好。那时候上海有不少大亨（资本家），各自捧他们所喜欢的演员。有个"煤球大王"喜欢听毛世来的戏，常请他到家里去唱戏，还给他置办台账、服装、头面、道具等，为他花了很大一笔钱。毛世来这趟闯上海，人红了，台上用的东西也都有了，真是个大丰收，满载而归。从上海回来后，毛世来就开始组班演戏。他大哥毛庆来演武生，过去一直傍李万春，对世来组班帮助很大。三哥毛盛荣演花脸，为他管事，也管着他。这个人横，前些年毛世来挣的钱都归他。我也到班里去帮他。那时他已经拜了荀慧生，这些大师们教戏都不是把着手教，而是加以指点，当然指点指点就有所收获，可还需要靠自己努力才能掌握。他的胡琴师是郎富润，以前为荀先生拉胡琴。我给世来拉二胡，一边为他伴奏，一边还继续教他戏。也有时候是唱武生的徐元珊学完后说给他，像戏里的舞剑，《天女散花》，他都是这么学来的。他的嗓子够用，拜荀慧生后又唱了不少荀派戏，像《勘玉钏》《红娘》等，他能唱的戏就越来越多了。

后来，毛世来带着他的和平京剧团到了长春，成立了吉林省京剧团，由他与王玉蓉挑班。在那里他演出了《棋盘山》《穆桂英》《樊梨花》《花田错》《辛安驿》《大英杰烈》《南界关》《小上坟》《刺巴杰》《梅玉配》等戏。在剧团里还培养了不少青年演员，他给李秀琴、王晓菊说了《棋盘山》《樊江关》，给高小平说了《穆桂英》《挡马》等戏。后来他又担任了吉林省戏曲学校副校长，也教课，教刀马旦、花旦，学生有蔡晶、阎淑萍、孙代玉、赵振霄、张桂林、刘丽敏等，还有他自己的女儿毛莲莲。

毛世来有四个儿子三个女儿：大儿子毛继亨不学戏，大女儿毛莲莲学青衣，二儿子毛继宗学武生，三儿子毛继承学铜锤花脸。二女儿小竹子是"老三届"，现在北京工作，老儿子叫小春子，最小的女儿小华子在省戏校工作。学戏的儿女都曾在戏校京剧科学习。世来的大哥毛庆来、三哥毛盛荣生前都在戏校教武生和架子花脸。

后来我到了银川，经常出外参加演出活动，就与世来没有什么联系了。后来听说他半身不遂了，又听说他坐在轮椅上还教学生，真是个好样儿的。如今他竟先我而去了，女儿莲莲也改行了，两个学戏的儿子都改行在吉林市铁路局工作，可惜呀！

我今年已是82岁了，过去的事好多都记不清了。谨以此文表达我对世来的怀念之情吧。

王志怡、蒋健兰整理

1998年9月

梨园一骄子

李世琦

我小时候入北平富连成科班学戏,是第五科世字科学生,与毛世来同科。他小我两岁,叫我师哥。世字科一共有140多人,够两科的人数,一般说的大世字、小世字,无非是年岁有大有小,进科时间有早有晚。我是大世字,世来他们是小世字,我们都在一块儿练功,一块儿学戏。原来我嗓子好,学汪派老生,多唱高调门儿,唱得太累了,嗓子差些了,于是兼学武戏。世来师弟学花旦,但是他的武功很好,刀马也唱,文武兼能,戏路子很宽。

在科里,我们无论是学文的还是学武的都一块儿练功,世来师弟练得特别苦。他练功有股子狠劲,不仅练花旦应有的功,别人有的武功他都要练。比如说"拨浪鼓子"吧,那是一种硬"抢背",难度很大,一般是武生、武花脸才有,花旦并不需要练,可是他也练。他练什么有什么,我们都说他是天生的灵,什么都难不住他。其实这正是他苦练的结果。他经常加紧练私功,所以在师兄弟中,他的功特别出色。

那时候,花旦讲究踩跷。练跷功,不但要在地上跑圆场、打把子,还要站在大板凳上练。大板凳不过半尺来宽一米多长,脚上绑着跷板,全身的重量全在脚尖上,站在地上都够吃劲的,站在板凳上练的难度可想而知了。当时和世来师弟一起练跷功的还有江世玉、贾世珍、诸世芬、王世祥等。几个人站在一条板凳上练,一站就是一个小时,别人站不到一小时就掉下来了,世来总是坚持着超过一小时。后来江世玉、诸世芬他们改了小生,就不练跷功了，世来一直努力不懈，终于练出特别好的跷功，他踩着跷跑圆场、打把子都自如得很。

富连成出来的花旦不是很多，于连泉、于莲仙、吴富琴、刘盛莲都是有名的花旦。我在科里的时候，刘盛莲也在，他的花旦戏真好，可是他基本上是不动武的，就有一出《巴骆和》，他演巴九奶奶。世来是接他的坑儿，可是文武全来。《五鬼捉刘氏》（《十二红》），这戏花旦一般都不敢演，而世来敢演。他和叶盛章合演这出戏，其中大鬼抛叉，花旦要接叉、摔锞子，是吃重的活儿，要求演员要有很深的武功，世来演得得心应手，演出时很受欢迎。

我在科里时，老生和武生都演，因为和花旦演的对儿戏少，所以和世来合演不多。只有在叶盛章排的一些新戏里，时而才有我俩的戏，如：在《白泰官》里，他演尹碧姑或是尹霞姑，我演个官将；在《酒丐》里，他演兰娘，我演王忠；在五本《藏珍楼》里，他演东方玉仙，我演金弓小二郎王玉；在六本《藏珍楼》里，他演东方玉仙，我演钟雄。这些戏我们都是演的配角。在世来主演的花旦戏里，我也为他配戏，但是不多。在《打钢刀》里，我演赵匡胤。这戏情节很简单，赵匡胤要举事，找到铁匠，要他打一把钢刀，铁匠夫妇打刀，打得了，赵匡胤把铁匠夫妇给杀了。戏里打刀时，身段很多，很好看。这是花旦、小丑应工的戏，赵匡胤戏不多。我们京戏里有好一些花旦、小丑的小戏，《打钢刀》就是其中之一。另外还有如《打杠子》《打面缸》《打灶王》《小放牛》《小上坟》等，多是玩笑戏，大多载歌载舞，诙谐风趣，这些戏都要求身段灵活，脚底下功夫好，世来都唱得很好，他就是以与詹世辅合演的一出《小上坟》红起来的。世来会的戏很多，如《荷珠配》《胭脂虎》《会稽城》等。

在科里时，世来跟李世芳、张世孝、刘元彤他们一道拜了梅兰芳先生，但他演梅派戏不多。出科后，他又拜了荀慧生先生，演荀派戏就多了。他在台上演出时也常常有所改动，为了自己多出点戏，都能改得不错。他出科以后，自己挑班，他三哥毛盛荣给他管事。富连成盛字的和世字的同学，不少人都在他班里和他同台演出。我比世来满科早，毕业后在科里效力。他出科后，我还有时在科里演出，有时陪李世芳演，在他演的《龙凤呈祥》里我演赵云，在他的《霸王别姬》中我演周蓝。我出科后，先拜甄洪奎为师，他是小鸿奎科班出身，擅演靠背老生。后来我又拜乔玉林先生为师，又入贯大元先生之门继续深造。最初搭入我姑爷爷王又宸的班子，1943年王老去世后，我先后在七舅谭富英班、妹夫裘盛戎班演戏，就没再和世来同过台。1949年后，我多在外地演出，后来一直在齐齐哈尔京剧团担任主演。唱了十多年，演过《满江红》的岳飞、《海瑞背纤》的海瑞、《红灯记》的李玉和等。大约在20世纪60年代初，我到长春演出时，去看世来，他已经任吉林省戏校副校长兼京剧教师，不上台了。那次我们谈得很高兴，可从那以后，虽然我们同在东北，再没机会见面了。那次会见，竟成了最后一面。

故人逝去，不胜悲伤，只能用这些零散的回忆寄托哀思了。

蒋健兰

1998年整理于北京

世来师弟在富连成

阎世善

我和毛世来是同科同学，我比他入科早一点。我今年 79 岁，比世来大一岁。我们世字科是富连成科班各科中人数最多的一科，年龄差得大，共有六个属相，最大的属龙，最小的属鸡。毛世来、李世芳按公历算都是 1921 年生，一个年头，一个年尾，要按农历算，世来属猴，世芳属鸡，两人相差不到一年。

我入科先学老生，因嗓子不跟劲才改学武旦。世来先学小生后改花旦。归行以后，他和李世芳都跟萧连芳学戏。实际上萧连芳是大师哥，富连成科班有这个传统，有些学生毕了业不出科，留下来教戏。萧连芳给世芳、世来排过《断桥》，世来演青蛇跷跷，演白蛇也跷跷。世芳原先演白蛇跷跷，后来归了青衣就不跷跷了。那时候，我们只要归行学旦角，都先把跷跷上。那年头儿，武旦、花旦都重跷功，这就比其他行当练功多吃一些苦。过去入科班，不管学文的还是学武的，普遍要练基本功，如下腰、拿顶、耗腿、翻跟头、打把子等，归行以后，再练各行的功。那时，一天三遍功，我们武旦、花旦行都绑上跷练，早上一睁开眼，就得先把跷绑上（早上耗跷，那是练私功的），我们一般耗跷都放在下午练完后。耗跷时，除了站在地上耗外，还要站在板凳上耗，难度更大。在地上耗，还可以稍微动一动，而在板凳上耗，不但丝毫不能动，而且必须全神贯注，才能掌握好重心和平衡，略有走神，就可能掉下来。肯练私功的，都是在归行以后开始学戏时，知道功的重要了才会去练，不是人人都有那个觉悟、那个决心的。

三遍功中包括学戏。归了行，练毯子功就不那么多了，也就是拿拿顶、跑跑虎跳、下下腰。一般学戏都在晚上，如果上午老师来了，也能排一个来钟头的戏。特别是跟萧先生学戏，多数都是在晚上。萧先生要求严得很，真打呀！我们学戏都是站一圈儿，没有座，绑上跷就不能随便卸下来。早上绑上跷练毯子功，吃饭的时候才能卸下来，吃完饭也不能睡午觉，也就是活动活动，转转圈儿，休息会儿，又绑上跷练下午功，到吃晚饭时再卸下来，晚上排戏又绑上，一天也就是吃饭、睡觉的时候不绑跷。世来练得更苦，他经常给自己加一遍私功。私功都是在大家起床之前练，早上五点多钟就爬起来，冬天五点多钟天还不亮，就摸着黑儿练，对于一个十来岁的孩子来说，真苦哇！

富连成科班都练硬跷，这个跷是有一个跷板，跷板前端是一个缠足小脚鞋形，脚贴着跷板，脚趾头顶着鞋形，鞋形上有一个槽儿，脚趾头正好顶在那里。跷上有袜子，一套，绑上。鞋形有一个小后跟儿，为了耐磨，跟儿上套个一指宽的小铜箍，我们绑着跷练毯子功，跑圆场，打把子，这个铜箍一层一层地磨，最后都磨断了，可想而知要费多大的劲儿。武旦、花旦练跷功都是一样的要耗跷，不耗脚脖子没劲儿。不过，因为在舞台上运用起来有些不同，花旦要求更高，武旦开打的时候，步子比较大，跑步、快步较多，跑起来步子和不跐跷的步法差不多，脚比较平，鞋形的后跟大致是顶在脚掌的部位，借助脚掌的劲多一点。武旦的步法严格，两步就两步，三步就三步，不能用小步。有人说踩跷转身快，哧溜一下就过去了，我认为不成，因为必须得转身，脚底下还是要迈步、上步、撤步才成，光拧身不行。花旦走碎步、跑圆场、走花梆子都是小步子，幅度小，脚掌上吃不了多大劲，全指着脚趾头吃劲，没有一点儿巧可取，就得有硬功夫。跐跷与芭蕾舞的劲儿不一样，芭蕾舞是完全用大脚趾吃劲，脚是直立的。跐跷是几个脚趾都吃劲，脚有一定的坡度。如果脚立得太直，走起来会一蹲一蹲的，失去了自然感，身段也容易僵，不好看。世来练功肯吃苦，他跐跷无论演文的、武的都运用自如，轻松自然，很美。

世来是继刘盛莲之后富连成的当家花旦。刘盛莲当家的时候，可是红得发紫，要接他的坑儿不那么容易。在刘盛莲之前，还有一位仲盛珍也是有名气的花旦，可是刚红起来，还没出科就过世了，刘盛莲就是接的仲盛珍的坑儿。人们都说刘盛莲接得快，其实世来接刘盛莲更快。刘盛莲一出科，世来就顶上去了（刘盛莲出科后不久也去世了）。刘盛莲的花旦重头戏有《乌龙院》《双钉记》《双铃记》《翠屏山》《大劈棺》等，世来都接过来了，凡是刘盛莲的活儿几乎都归了世来。包括当初刘盛莲给叶盛兰配《南界关》的二娘，也归了世来，后来他还演这戏的大娘。除了大戏，世来还有许多花旦小戏，什么《打樱桃》《打灶王》《打面缸》《小放牛》《小上坟》等，特别是他的《小上坟》令人赞不绝口。

我们那时候在华乐有夜戏，观众特别喜欢，富连成红得不得了。刘盛莲在科时没武戏，可是世来的功底好，他又喜欢武功，胜刘一筹。像摔锞子、趴虎、倒扎虎、抢背，尽管这些武功活一般花旦很少用，可以说根本用不着，可他都肯练，而且练得认真，所以刀马旦、武旦的戏他都敢唱。他演的《十二红》，戏里的抛叉接叉难度就很大。他的戏路子宽，会的戏多，身上好看，除了在前面唱花旦戏，还能顶轴子戏。那年童伶选举，李世芳被选为童伶主席，毛世来是旦角童伶第一名。后来又成为"四小名旦"（李世芳、毛世来、张君秋、宋德珠）之一，可见他受欢迎的程度。

世来赶上李盛藻他们大批"盛"字离科，按老萧先生（萧长华）的话说，富连成大伤元气了，卖座儿都不成了，就是世芳、世来、袁世海我们这一批"世"字的，还有叶盛章、叶盛兰这些人苦撑着。叶盛章、叶盛兰他们还经常应邀外出演戏，科里就是世芳、世来顶着，对富连成渡过难关可起了大作用。后来尚小云先生来了，给排了不少新戏，座儿又上去了。尚先生排的新戏，主要是以世芳、世来为主，青衣戏是世芳的，花旦戏是世来的。世来对富连成的兴盛，可是出了大力的，因为他不仅有许多大戏，而且花旦戏比较全面，又还有武戏，天天顶着演，富连成的名才渐渐起来了。凡熟悉富连成的，就没有不知道毛世来的，对于富连成的发展，毛世来功不可没。

我们那个时候在科班学戏，一是砸基本功，老师要求很严，砸得比较瓷实。二是学戏，老师怎么教的就怎么演，创造性不多，也不排新戏。可是实践的机会多，天天有戏演，学了点什么就要上台。富连成科班规定学生不能随便出去看戏，但是我们还有其他机会看戏，比如说唱堂会时，我们就有可能看到一些名角儿的戏。看戏是一种很好的学习机会，看看别人怎么演，和我们学的有什么不一样，人家为什么这么演？这必须用心。俗话说"名师出高徒"，其实同样的教，同样的学，并不一定个个都是高徒。这中间的区别就在于学的人是不是用心。肯用心琢磨的人，无论是跟老师学，还是看别人演，都可以琢磨出点门道。不用心琢磨的人，跟老师学戏，也就是随着比画，知其然而不知其所以然，看别人演戏，也是过眼云烟。世来很聪明，加之他练功刻苦，学习用心，所以他学得快，也学得多，入科也就三四年就顶上了刘盛莲的坑儿了。

排新戏对一个演员的艺术成长是很重要的一环。跟老师学戏要想学得好得下一番功夫，但那总是前辈们的创造。排一出新戏，那就不一样了，虽然也有老先生们指点、排练，但必须经过自己熟悉剧情、了解人物，然后调动你所学过和掌握的各种技巧手段来表现这个人物，才能演好这出戏。演员经过这一番磨炼，在艺术上会得到很好的提高。尚先生到富连成给李世芳、毛世来排新戏，如《昆仑剑侠传》《娟娟》《金瓶女》等，使毛世来受益匪浅，这都是尚先生自己的戏，给世芳、世来排了以后，自己就不再演了。

《娟娟》又名《玉虎坠》，这个戏剧情比较复杂，人物头绪也多，基本上是个群戏。这戏还有个名字叫《马武下山》，原来马武的戏多一点，是从梆子改过来的。尚先生改成以娟娟为主了，线索清楚一些，娟娟的戏也重一点。世来演娟娟，世海演马武，叶世长演冯乾郎，小生唱大嗓儿，世芳演冯乾郎的母亲冯伏氏，我也参加演出了。

《金瓶女》又名《佛门点元》，也是一出剧情错综复杂的戏，人物很多。在这个戏里，世来演的不是主要角色，但是尚先生排戏的时候，他都和世芳一道学，他又极用心，所以世芳的主角戏他也都会。尚先生还给他们排了一出《秦良玉》。世来的《辛安驿》也是这时候排的。我们一块儿到尚先生那儿，是赵桐珊先生给说的。《新天河配》是尚先生说的，世芳饰织女，两个主要的仙女就是我和世来。再加上《酒丐》，还有叶盛章自己搞的《藏珍楼》《白泰官》等。虽然世来演的多是配角，但是他接触了许多新戏和新的人物，大开眼界，在艺术上得到很大的提高和升华。

对于演员的成长，还有一个重要环节，就是出科搭班或组班唱戏的闯练，我们那时候都把出科搭班叫"再投胎"。在科班里唱戏，上上下下都是同科或不同科的师兄弟，出不了科里的格儿。出了科就不一样了，无论是给人家配戏，还是人家给你配戏，都可能出现许多新情况，必须去适应，没有任何依靠。不会的就得学，会了的还要比较，还得琢磨。我出科搭尚先生的班，头一天就遇上了问题。那天贴的《蟠桃会》，让我来演猪婆龙，这对武旦来说简直不算事，没想到尚先生班里这出戏跟我在科里学的不一样，猪婆龙多一场戏。《蟠桃会》有个"捞形"，内容是这些妖精都被赶到水里现了原形，八仙把他们一个一个捞出来，什么鱼形、蛤蜊形、刘海戏金蟾等，有许多表演。尚先生班里多的一场戏是在"捞形"之前，有一场群妖下水，一站门，一挖门，一个抢背下水了。科里没有这场戏，我可真蒙了。后来我才明白这场戏加得有理，不下水怎么捞形呢？下水现了形了，神仙才能捞形呀！头一天就遇上这个，可真紧张了一下，往后就注意多问，多了解，多学习，慢慢就闯出来了。再一个就是要多听意见。无论是在北平还是在上海，一些观众都愿意谈谈这个，说说那个。这些个议论都要好好听，不要就听人家说好的，看人家写文章捧场，人家说你这儿那儿有什么问题，都要好好动脑子去琢磨，艺术就长进了。又比如你给人家配戏，人家老觉得不舒服，"你怎么又这样了？"下次就要注意，这也是一种提高。

世来一出科就跟李万春去了上海，两个人挂并牌，这对他就是个闯练机会。他跟李万春唱《武松与潘金莲》，就跟科里的不一样，就要琢磨，要适应。这可以说是一种深造，要不怎么说"再投胎"呢！说戏、排戏和唱戏不一样，学会了并不算完，只有到了舞台上和人家对上了，这才算真行了。世来学戏、演戏，一向用心。在富连成学戏，经过尚先生排戏，后又拜了梅兰芳先生。他跟世芳一起到梅先生那儿学戏，虽然梅先生不像尚先生那样直呼直令，但是走给他看，他给指点一下，也是得益不少。世来出科搭班，跟着又自己组班，闯出一条成功之路。

从艺术的角度说，徐碧云的一些戏，世来演比较合适。如《绿珠坠楼》《虞小翠》这些戏，我们出科的时候徐碧云已经基本不演戏了。我看过徐先生两出戏，一出是《绿珠坠楼》，一出是《泗洲城》，这出戏的武打是死套子，只是"卖水"和我们的不一样，主要是服装方面不同，他穿的是裙子、袄子，扎彩球打扮，我们是打衣打裤，外面套一件竹布褂儿，是个乡间女子的模样。我记得当时看他的这身打扮，就是一震。

我看过宋德珠几出戏。他的《取金陵》是我伯父九阵风（阎岚秋）给说的，大出手。我伯父特意让我去看的。还有《虹霓关》头本和《小放牛》，那会儿唱《虹霓关》一般都不是头、二本连着唱，有的是头本唱夫人，二本扮丫鬟，也有夫人到底的。世来唱《虹霓关》就是头、二本夫人到底。他在二本加重"思春"的戏，并跐跷，《马上缘》也跐跷，花旦戏一般都跐跷，只有《十三妹》不跐跷，可是我在上海演出时就跐跷，因为我个儿矮，跟俞振飞够不着，赵桐珊先生让我跐的，戏装还是一身红，打衣打裤。《马上缘》《十三妹》《棋盘山》这些戏，世来在科里就都有了，出科后也还在演。

世来第一次组班时我不在他的班里。他第二次去上海大约是在1939年，我当时正在上海，我是跟筱翠花、时慧宝他们去的。他们走后，我还留在上海。世来大半是接他们的班，我就跟世来又唱了一期。这一期世来的班里有裘盛戎、高盛麟、贯盛习。1940年世来的班又一次到上海，班里有袁世海、贯盛习、陈盛泰等人。自己组班可是形势逼人，光是花旦小戏可不成，还得有大戏，他带的徐碧云的那些戏就是大戏，这又得益了。他肚子里宽，唱、念、做、打都行，《双姣奇缘》（《拾玉镯·法门寺》），前面孙玉姣，后头宋巧姣，前花旦，后青衣，他一人到底文武皆备。他唱《穆柯寨》是"穆柯寨""穆天王""破洪州""天门阵"一竿子到底的戏，叫全本《穆桂英》，主要是刀马旦，但吸收了不少花旦、闺门旦的表演。

武戏不论是旦角还是生角，总要舞刀弄棒。武打首要注意的是拿兵器，无论拿枪也好，拿刀也好，拿起来都要给人一种力度感，枪是枪的力度，刀是刀的力度。因为刀和枪本身的分量不一样，力度也不一样，拿法更不一样，要让观众感觉出你手中不同的武器，不同的分量，不能只凭演员的手劲，十八般兵器一道汤。再一个还要注意身上好看。不同的人物，拿着不同的兵器，出场亮相，这是给观众的第一印象，不能含糊。其次要注意的是打把子，人们常说要打出人物来。这怎么说呢，虽然武打套子都一样，但是这一枪刺出去，要刺敌人的哪儿？用多大劲头？演员心里要设想一下自己是什么人，什么身份，什么性格，多大年龄，对方是什么人，什么身份，什么年龄，打的结果应该是什么样，心里有这个数，就不是千篇一律了。

再一个应该往哪儿打，上边打头起码是头部的太阳穴，往下扎是扎马的腿还是扎人的腿，削头是削头，剁头是剁头，漫头就是漫头，一扎一砍都有目的性，脚底下走几步都有尺寸，不管是胜是败，打的时候总是想着要致敌于死命，打得逼真，观众才有真实感，承认这个人物。如果就那么比划，两人的枪都不挨上，那怎么看怎么是演员在演戏，不管你费劲没费劲，观众都不领这份情。世来打得好，就是因为他心中对自己扮的是什么人，用的什么兵器，怎么打都有数。

世来出科以后，我除了在上海和他共过事，后来很少见面。1949年，他长期在东北，就更没机会见面了。听说他经历坎坷，后来又病了，但他坐在轮椅上还尽力给学生说戏，这种敬业精神令人感动。听说吉林省戏校要给世来出书，我真为他庆幸，他的艺术的确应该好好地总结。只是相隔年头太久，有好多东西都记不清了。谨以此文略表对世来师弟的一片怀念之情。

蒋健兰整理，1998年

梨园一叶
——毛世来

叶盛长

毛世来出身于梨园世家。长兄庆来是著名的武生，长期与李万春合作，二哥盛荣（一名盛来）也是富连成的学生。

世来是我们世字班里头脑最聪明、接受能力最强的一个。他入科比较早，学的是花旦，为他开蒙的是萧连芳老师，戏码儿是与江世玉合排的《扫地挂画》。

世来从小就非常要强，他练功的刻苦劲头儿超过一般同学。他本来是学花旦的，可他每天都主动跟学刀马旦的同学比着练功。早晨耗顶，他总是最后一个下来，决不肯比别人少耗。练"跷功"，更是与众不同，往往是绑上跷一天也不解下来，连中午睡觉时都绑着。站三角凳耗跷时，他总好跟功底过硬的阎世善比，别人都陆续下了凳子，他仍然咬牙坚持叉着腰站在三角凳上。即便是累得满头大汗，两条腿打哆嗦，身上的汗水顺着裤腿儿"滴滴答答"往下淌，也一定要耗到世善下来时他才下来。其他各项基本功他也是这么练，因此他的功底是非常扎实的，一般刀马旦应工的戏，他照样可以拿得下来。

世来学戏时精神高度集中，一招一式的要领都要问个究竟，决不囫囵吞枣、浅尝辄止。老师每教过一出戏后，他都要在业余时间里下私功，召集在这出戏里有活儿的同学反复排练，直到熟练掌握为止。对自己如此，对别的同学也这么要求。我至今还记得，他对小同学黄元庆，就像对自己亲弟弟那么关心，老师每给元庆说过一出戏后，他都要在事后给他排两三遍。

世来小名叫五嘎子，性格也真有几分嘎劲儿。别人会的他就想会，别人做得好的地方，他就非要追上甚至超过去不可。由于他有这种争强好胜的性格，所以成绩是很突出的。他会的戏多，演得也出色，没出科时就已小有名气了。那时广和楼的观众特别喜欢我们世字班的两个小旦角，一个是青衣李世芳，另一个就是花旦毛世来。在《立言报》组织的那次"童伶选举"中，李世芳当选主席，毛世来当选旦部冠军。后来他们和张君秋、宋德珠一起被评选为"四小名旦"。

世来在艺术上主要是继承了筱翠花与刘盛莲的衣钵，后来又深得尚小云先生的青睐，学了些文武并重的戏。他能戏颇多，《双钉记》《双铃记》《棋盘山》《得意缘》《双合印》是他的拿手戏，李世芳主演《娟娟》《昆仑剑侠传》《牛郎织女》，也必由他来配演重要角色。《虹霓关》《穆柯寨》《大英杰烈》《辛安驿》等带武功的戏，他也演得很精彩。除此之外，他还能把四哥盛兰当年以旦角应工的拿手戏如《南界关》《花木兰》等接过来，可以说是文武全才无所不能。

在科时，他经常与我合演《打渔杀家》《坐楼杀惜》等戏。我们合作得很协调。世来出科后足迹踏遍全国各地，每到一处都受到热烈欢迎。1949年，他落脚在东北，后担任吉林省戏曲学校副校长，培养了许多京剧表演艺术的接班人。

写于1986年

我所知道的毛世来

李德彬

毛世来是富连成坐科出身，戏路较宽，唱、念、做、打、舞俱佳，"文武昆乱"都拿得起来，不愧为"四小名旦"之一。

在1949年前较长的一段时间里，我搭毛世来的和平社与他助演。因为那时不是固定的剧团，全是私人组班，我个人也不是固定在一个班社里，同时可以在几个班社里演，所以有时在一起，有时也分开，是轮流不定的性质。我们一起演出得很好，也很默契。我们一起研究戏时，他能倾听别人的意见，因此同他很说得来。他对演出很认真，竭尽全力，从不松懈，对观众负责。有时他还演双出，比如，他同迟世恭演《探母回令》，他饰铁镜公主，前边还要加一出《小上坟》或《小放牛》等。我们一起去过天津、济南、青岛等地演出，很受当地观众的欢迎。

我们一起演出的剧目有全部《十三妹》（由红柳村起至弓砚缘止）、全部《穆桂英》（由穆柯寨起至破洪洲止）、全部《得意缘》（由访婿起至下山止）、全部《梁红玉》（由玉玲珑起至抗金兵破黄天荡止）、全部《玉堂春》（由嫖院起至监会团圆止）、全部《樊梨花》（由马上缘起至樊江关止），还有《大英杰烈》《梅玉配》《花田八错》《贪欢报》《辛安驿》《拾玉镯》《翠屏山》《大劈棺》《战宛城》《花木兰》以及荀派戏《红娘》《红楼二尤》《勘玉钏》等。他师承荀派（荀慧生）、筱派（于连泉）还加刀马旦。他的跷功很好，而且每出戏演得都很好，因为他在富连成坐科时底子厚。在科班时，观众对他早有印象，在科里就很红，他的表演技艺可以说不温不火、不俗不厌、炉火纯青、恰到好处、耐人回味。他吸取荀、筱两派精华化为己用，如《探母》《玉堂春》等，唱高腔时都能运用自如，念白方面也有特长，尤以京白最能按人物、按剧情使用，如《小放牛》和《红娘》的念法有区别。《小上坟》和《拾玉镯》念法不一样，念韵白也不千篇一律，他在表演方面有独到之处，因身体稍矮一点，有的戏尽量踩跷，像《翠屏山》和《花田八错》在表演上分得很清楚，有一种含而不露的风韵，使人回味无穷，也很舒服。他在武打方面有功底，我同他在舞台上打把子放心，稳中求快，不慌不乱，脚底下、手里都好，既清楚又下有着落，这都是在科班里练出来的，所以他也喜欢演些带点武打的戏，后来他也排了一些如《虞小翠》《十二红》等新戏像。

1952年前后，我们在一起演了一时期的戏，后来，他去了长春，我参加北京市京剧四团，从此我们就分开了，至今我仍深深地怀念他。

1998年8月12日于北京

我与毛世来的初次合作

储金鹏

毛世来是富连成科班第五科的尖子学生,工花旦兼演青衣。1937年被选为"四小名旦"之一,与李世芳、张君秋、宋德珠并列。毛世来同志武功基础和"跷功"在20世纪40年代旦角行当中是数一数二的,深为内行所称颂。他为了求艺深造,先后拜了尚小云、梅兰芳、荀慧生为老师,吸取各家之长,融化于自己身上,自成一家,别具风格。

我第一次与毛世来同志合作是1942年冬赴徐州大会堂演出。同台老生为管绍华,武生钟鸣岐,花脸马连昆,二旦张蝶芬,小生是我。

我是中华戏曲专科学校毕业生,毛世来是富连成科班毕业,戏路有不同之处,特别是毛世来演出的富连成科班独有之剧目,如《双合印》《马思远》等戏,我全不会,为此我很感到烦闷。毛世来同志知道后很耐心地一句一句教我,使我学会了一些富连成社独有的戏。今天回忆起来很感谢他。

在旧社会中,流行着一句话叫"宁给一分地,不教一出戏"。旧日梨园教学,对外讲"艺不轻传"。当时的毛世来勇敢无私地冲破了旧观念的束缚,其高尚的艺德,令人钦佩。

1986年国庆于长春

梨园春秋

好戏绝响成大憾

李金鸿

世来兄是"四小名旦"之一,这是尽人皆知的。行里行外的人都把他归为花旦,这也不错。继于连泉先生之后,以花旦挑班唱戏的世来兄是花旦中的佼佼者。他虽以花旦挑班唱戏,但不仅限于演花旦戏。他的戏路很宽,能文能武,除花旦戏外,闺门旦、玩笑旦、刀马旦等都能胜任,演来不瘟不火,恰到好处,而且有自己所长。世来兄从艺一生,所演的剧目难以尽数,其中给我印象最深的,而且最具特色的是他的《南界关》一出。

此戏的故事出自五代时期。周世宗令赵匡胤征寿春城,守将刘仁赡之妻徐金花为夫助战。刘妾花迎春与参镇何延锡私通,被徐撞破。花与何献城予敌,徐负子力战闯入周营……闯营这场戏唱、念、做、舞、打诸艺俱全,同时身上还要背着个孩子,其表演难度可想而知。世来兄凭着他扎实全面的基本功,演得轻松自如,游刃有余。《南界关》这出戏是富连成的专有戏,我在中华戏校学艺时自然是学不到的,我很喜欢这出戏,总想把这出戏学下来。在中华人民共和国成立前后较长一段时间里,由于我们各自随班社演出,到处奔波忙碌,难得有机会。后来老戏又全部禁演,更是不可能。直到我调到中国戏曲学院任教之后还心存此念,曾设想派几位青年教师向世来兄学习这出戏,若能继承下来对教学和丰富旦行的演出剧目都大有裨益。但由于世来兄染病在身,不敢再劳动他,只好暂时作罢。谁曾想失去这次机会以后再也没有了。

《南界关》这出戏我曾见叶盛兰兄演过,除此之外再没有见其他人上演过此剧。时至今日这出戏绝响舞台已半个多世纪，我推想这出戏怕是已失传了。这么好的戏竟至失传，这是多么大的遗憾。我想因之而遗憾的绝不只我一个，凡是热爱戏曲艺术的人都会有。前辈艺人创造了许许多多的艺术精华，年轻的后辈如能让这些艺术精华不再失传，这是对已故者的最好的纪念。

1998年8月写于北京

怀念毛世来师兄

毕谷云

回忆起与京剧名旦毛世来先生的交往,我的思绪不禁又飘向20世纪50年代,仿佛又回到了当时北京城那姹紫嫣红的舞台上……

1949年中华人民共和国成立后,百废待兴,广大的劳动人民干劲十足地投入社会主义建设中。从20世纪50年代初到60年代中期,京剧艺术步入了又一个空前繁荣的历史时期。当时,老一辈的表演艺术家重新焕发出了艺术青春,"四大名旦""四大须生"不时露演于京、津等各地的舞台上。我们这些当时的年轻力量更是干劲十足,首都的戏曲舞台上一片欣欣向荣。李万春先生领衔的北京市京剧一团,谭富英、裘盛戎二位领衔的北京市京剧二团(由原来的太平京剧团改制,陈永玲、杨荣环两位加盟),张君秋、陈少霖领衔的北京市京剧三团,吴素秋、姜铁麟领衔的北京市京剧四团,毛世来领衔的和平京剧团,赵燕侠领衔的燕鸣京剧团,李元春、李韵秋领衔的春秋京剧团,徐东明、徐东来的明来京剧团,我领衔的民生京剧团(后期叫红星京剧团)……几乎每天都演出于北京的各大戏院,有时能出现一天之内十几个剧团同时营业的局面。我与毛世来先生的交往,也是从这个时期开始的。

我们认识的时候我刚20岁出头,还很年轻,毛世来先生早已是享誉剧坛的"四小名旦"了。他在富连成坐科时就得到于连泉(筱翠花)先生的亲授,先后又拜在尚小云、梅兰芳先生门下,出科就挑班红遍大江南北。然后又师从荀慧生、赵桐珊、徐碧云等前辈学艺,他的舞台表演艺术是很精湛的。我当时也已经是徐碧云、荀慧生先生的入室弟子（1961年，我又拜了梅兰芳先生），所以我一直称他为师兄。在京演出期间，我们经常在演出的间隙互相观摩，也就渐渐地熟识了起来。我俩都比较矮，又瘦，扮相上就略有几分相似。所以，大家经常开玩笑，说北京的舞台上又来了一个"毛世来"。

由于我和世来师兄师出同门，我们在许多演出剧目上是相同的。比如，像《辛安驿》《拾玉镯》《法门寺》《四郎探母》《玉堂春》《梁红玉》《红娘》《红楼二尤》《花田八错》《勘玉钏》《贵妃醉酒》《霸王别姬》《虞小翠》《绿珠坠楼》等，都是我们经常贴演的剧目。师兄的表演艺术是很受观众欢迎的，尤其是念白和做功真是绝了。他经常塑造一些小姑娘的角色，像《花田八错》里的春兰、《红娘》里的红娘、《大英杰烈》里的陈秀英等。那种小女心态，那种小姑娘的活泼、机灵，甚至有一点点刁钻的神气，世来兄描摹得活灵活现，令人百看不厌。然而，他演《穆桂英》《娘子军》《樊梨花》《花木兰》等戏的时候，又是那样的英姿飒爽、威风凛凛，俨然三军统帅，唱、念、做、打之中给人以不尽的美的享受。师兄的跷功更是一绝，他演的《战宛城》《大劈棺》《辛安驿》《小上坟》《小放牛》《拾玉镯》等戏都绑跷，他舞台之上袅袅娜娜，犹如春风摆柳的跷步，至今还萦绕在我的脑海里。他的武功也好，像《杨排风》《锯大缸》等戏也不时上演。除了演这些剧目，师兄还有几出自己看家的绝活。我看过他演的《南界关》，是富连成的秘本，唱、念、做、打极其繁重，有一折戏需要唱着昆曲牌子做身段，就像武生的《挑滑车》一样繁难，我没见其他人演过。还有一出就是每演必满的《马思远》，他塑造的赵玉，活脱脱的一个市井泼妇，不论是逛会的脚步，还是公堂上的表情都是绝活，一旦贴演必然轰动九城。据说还有两出和小生、武丑的合作剧目《双合印》《十二红》，也是精彩纷呈，但没有见他在北京演过。

我和世来兄都师从荀慧生先生，经常能在荀家遇见师兄。我们一起听荀慧生先生说戏，师兄总是毕恭毕敬，洗耳恭听，从这也足见他对艺术的执着和渴求。

说起这些往事都已经过去将近 60 年了，现在想起来就像昨天发生的一样，真是岁月如梭啊！1958 年，我和世来师兄响应党和国家支援边疆的号召，都相继到东北投入了新的工作中去，我先后到阜新、本溪的京剧团担任团长、主演，世来兄则到了长春，先后在吉林京剧团、吉林省戏曲学校担任领导。虽都在东北，可是我们没有见过面，这一别就是 25 年。

1983 年，我率领本溪市京剧团到长春演出，一到长春，正赶上大雨倾盆，我们一行冒雨去拜访了师兄。当再次见面时，我简直不敢相信自己的眼睛，眼前的这个老人，离 25 年前真是太遥远了。双手相握，四目相对，内心的感慨真是无法用言语表达。我只说了一句："这么多年不见，我一直惦记着您呐！"就已经泪眼模糊，想必师兄的心里也很激动，他只是不住地说："好，好。"我请他来看戏，他和嫂子都来了，直到现在我也十分感激他能抱病来为我捧场。

转眼之间又是 20 多年了，师兄早已作古，我也是年届八旬的老人了。今年是他诞辰 90 周年，我很愿意把这些事讲给喜欢京剧的朋友听听。但毕竟年纪大了，有些事经年太久难免有所疏漏，聊以这几行文字来纪念我的世来师兄吧。

世来兄，京剧史册上将永远留有您光辉灿烂的一页！

2009 年冬于上海

祝 词

刘砚芳

1987年,京剧武旦演员刘砚芳来长春演出期间,拜访毛世来先生,喜闻毛老收徒,即兴赋诗一首:

毛兄坐科富连成,
基功扎实艺全能。
荀筱两派均精湛,
文武兼优全国红。
霸王别姬十三妹,
铁弓奇缘洪州城。
红娘劈棺辛安驿,
当代花旦居头名。
望君尽力育桃李,
发挥余热答党情。

1987年3月4日

毛世来先生与吉林省京剧团

欧阳甲仁

著名京剧表演艺术家"四小名旦"之一的毛世来先生虽然离开了我们,但他的精神却永远活在为振兴吉林京剧事业而不懈努力的同志心中。

20世纪50年代末,毛世来先生从北京支边来到吉林省,所以对他的追思还要从那个时候说起。

1958年8月,应吉林省委宣传部、省文化局请求,文化部、北京市政府、市文化局为支援我省文化建设,将以毛世来先生为团长的北京和平京剧团并55名京剧人才调入吉林省。同年10月16日,经吉林省编委批准,正式成立吉林省京剧团,并任命毛世来先生为团长。当时,毛老既是团长更是挑梁演员,因此他不但要全面管理建团初期的各项工作,同时还肩负着挑梁演出任务。在不到一年的时间里,毛老领衔主演了《南界关》《十三妹》《大英杰烈》《花木兰》《红楼二尤》《红娘》《得意缘》《吕布与貂蝉》等戏,深为广大观众所欢迎。

毛世来先生扮相俊美,做功细腻,身段娇小玲珑,嗓音甜润动人,更善于用眼神刻画剧中人物的心理,京白干净利落,内行都赞不绝口。他的武打功夫更属上乘,在"四小名旦"中与宋德珠齐名。如在《大英杰烈》中先饰陈秀英,后场反串小生,扎硬靠,穿厚底靴,簪翎挂尾,起霸。演《白门楼》扎硬靠,摔"硬抢背",四杆靠旗纹丝不动。更为精彩的是,当听曹操"杀"字出口,在吕布双腿跪下之际,吓得他戴着手铐原地反转90°,甩发、手肘铁链、大带同时甩起,一丝不挂,层次分明,落地时左腿为底座，右腿翘起，干净利落，可见毛老腰劲的底功坚实而有力度，堪称一绝。这一绝技在 1958 年毛先生演出后至今尚无第二人。毛先生每次演出，都能获得观众的掌声和叫好声，常是几经谢幕仍不能退入后台。

毛老不仅兼学梅、尚、荀、筱各派之长，且集各派之长于自己的表演艺术之中，将花旦、闺门旦、武旦、泼辣旦熔于一炉，使他的演出别具风采，不仅征服了吉林省内的广大京剧爱好者，在京、津、沪、冀、鲁等地也名声大振。

身为名家，毛老艺德高尚，热心培养后继人才。毛老任团长后，在繁忙的工作之余，他曾先后为演员和学员王晓菊、李秀琴、蔡晶、毛莲莲、闫淑平、张桂林等亲授《大英杰烈》《樊江关》《悦来店》《能仁寺》《贵妃醉酒》《南界关》《虹霓关》等戏。

1959 年 6 月，吉林省戏曲学校创立之初，由于工作上的需要，他受命就任学校副校长。毛老从此告别舞台，专心从事京剧的教育事业。作为副校长，他主管京剧专业教育工作，并亲自任教。他一心想把多年来从前人身上学来的技艺和自己三十多年的心得体会与舞台经验传给青年一代。他不仅口传心授，而且示范演出。毛老培养了许多京剧表演人才，可谓桃李满天下。

党的十一届三中全会以后，毛老任吉林省戏曲学校的顾问，虽已是六旬开外的老人，但他为了使京剧这门艺术能服务于人民，为四化建设出力，不顾年老体弱、疾病缠身，先后收邢美珠、徐枫、王凤霞、王继珠等为徒，教排《棋盘山》《十三妹》等戏。这期间，我有幸得毛先生亲授指点《棋盘山》中的薛丁山一角，特别是对剧中人物薛丁山的形象塑造，颇得了他几分真传。毛先生着重抠我少帅人物的刻画，一个出场亮相，四步退一，"长靠、斜蟒、穿靴、抱帅旗"，手、眼、神、法精美之致，气宇轩昂，神采飞扬，使观众领略到少帅统领千军万马的大将风采，我受益匪浅。毛先生的亲传使这些京剧人才在艺术上得到了进一步提高与完善。于我而言，更为我演好周瑜、罗成奠定了一定基础，当向春城人民汇报演出时曾得到了大家的赞许。

毛世来先生热爱社会主义，热爱党，忠于党的京剧事业，热心社会工作。他曾历任吉林省第二届政协委员、中国戏剧家协会吉林分会副主席、吉林省京剧协会会长等职，致力于祖国的"四化"建设，堪称艺术界的楷模。

毛世来先生虽然离开我们已经4年了，但他留下的精神财富，正在发挥着不可估量的作用。如今，吉林省京剧团在中国京剧界享有盛誉，成为拥有200多部演出剧目和200多位艺术工作者，以行当齐全、剧目广博、技艺精湛著称的专业表演艺术团体。20世纪80年代，吉林省京剧院坚持精练传统剧目，锐意改革创新，出人、出戏的办院方针，人、戏皆丰，不仅创作演出一批精品剧目，扬威剧坛，还培养了以徐枫、刘喜亮、王凤霞、欧阳甲仁、李重华、梁淑珍等为代表的新一代艺术家。20世纪90年代，涌现出一批以各种流派为代表的青年艺术家，如裴永杰、倪茂才、李伟、杨明海、王权、董宏利、郭红玉等，以精彩的剧目、独特的表演风格、年轻的人才群体，引起国内外戏剧界的关注，屡次在全国大赛中夺魁，几度出访国外，赢得殊荣。

吉林省京剧院建院40年来，经历了艰辛创造、成就辉煌的历程。艺术家们殚思竭虑，按照京剧艺术的美学原则，根植于中华传统文化，储备了多出传统的、现代的、历史的、神话的各类剧目。一批精彩剧目的演出，得到了中国戏剧界的高度赞誉。神话京剧《火焰山》、新编历史剧《霸王别姬》、现代京剧《高高的炼塔》、童话京剧《寒号鸟》、儿童故事剧《金童》等，被誉为"精品"剧目。《火焰山》由舞台搬上银幕，荣获1983年全国第一部优秀戏曲艺术片奖，其270部拷贝发行28个国家和地区。曾被文化部调京参加纪念徽班进京200周年的演出，轰动京城。《高高的炼塔》参加全国戏曲现代戏观摩演出，荣获国家舞台艺术最高奖——"文华大奖"

和中宣部"五个一工程"奖。童话京剧《寒号鸟》、儿童故事剧《金童》在全国会演中被授予创作、表演、导演、演出综合奖，并再次奉调进京在中南海为党的十二大献礼演出。经常演出的《拾玉镯》《断桥》《天女散花》《盗仙草》《闹龙宫》《虹桥赠珠》《三岔口》《双下山》《逍遥津》《徐策跑城》《扈家庄》《伐子都》等优秀传统剧目，溢香北国，披彩京津，饮誉海外。

多年来，吉林省京剧院曾为美国、法国、日本、英国、德国、俄罗斯、澳大利亚、瑞典、缅甸、朝鲜、韩国等30多个国家外宾演出。并作为国家和吉林人民的文化使者，几度出访演出。1990年，庆祝中印建交40周年时赴印度演出，刮起了中国京剧的"旋风"，印度各界对"中国的艺术奇观"大为惊叹。1991年，《火焰山》剧组赴日本演出，历时一个多月，走遍东京、横滨、大阪、名古屋等12个大中城市，所到之处，反响强烈，日本新闻媒体纷纷发表文章赞誉"奇妙的龙的艺术"，并称观看中国京剧演出是"伟大的艺术享受"。1992年，赴以色列商业演出，走进文化名城特拉维夫、耶路撒冷、海法三大城市，中国京剧以"一种不可思议的艺术"诱发出"一块竞争王牌"的市场轰动效应。1996年8月，参加韩国举办的由美国、日本、韩国、俄罗斯、中国五国共同演出的首届国际戏剧节，轰动了水原、城南、平泽、漆谷等城市，充满神奇魅力的中国龙的艺术，被评为五国艺术之首。吉林省京剧院的演出荣获最佳优秀奖，精湛的艺术令韩国观众叹为观止。1997年9月，应邀赴日本参加"京剧青少年剧场"商业演出。历时71天，涉足17个大中城市，演出51场，观众近10万人次，轰动日本。中国驻日本大使馆参赞耿莫学赞誉吉林省京剧院是"艺术严谨、剧目精彩、作风过硬"的最好艺术团。

今天，我们以此告慰九泉之下的毛世来先生，愿他的精神永存！

1998年12月于长春

桃李成蹊

缅怀恩师毛世来先生

邢美珠

我的恩师是著名的中国京剧艺术大家,"四小名旦"之一的毛世来先生。2021年是恩师百年诞辰,想起向恩师学艺,聆听恩师教诲的点点滴滴,往事历历在目,记忆犹新。

毛世来先生兼学梅(兰芳)、尚(小云)、荀(慧生)、徐(碧云)、赵(桐珊)、筱(翠花),融各家艺术之长。集花旦、花衫、青衣、刀马、武旦、小生、武生于一身。扮相俊俏、嗓音甜润、念白清脆、表演逼真、武打过硬、跷功惊人,戏路宽广,多才多艺。先生唱、念、做、打俱佳,文武昆乱不挡,形成了独特新颖的毛世来表演艺术风格。

我是1981年调到长春市京剧团工作的,时任吉林省委宣传部宋振庭部长找我谈话说:"小邢,欢迎你到长春来,我给你引荐一位好老师,这位老师可不简单,是位国宝级的大艺术家,'四小名旦'之一的毛世来先生。"我听后非常高兴和激动,因为毛世来先生是我久仰的著名京剧表演艺术大家。还在我小的时候,七八岁入哈尔滨京剧院学员班,向云燕铭老师学艺时,云老师就对我说过:"吉林有个毛世来老师,他的戏很好,你以后有机会要向毛世来老师多学学。"真是机缘巧合,在时任吉林省委宣传部宋振庭部长的引荐下,我开始接触到毛世来先生,向毛世来先生学艺。第一出戏,毛世来先生教我的是《棋盘山》。接着又陆续传授我《南界关》《吕布与貂蝉》《白门楼》《穆柯寨》等剧目。又指导我演出了《玉堂春》《乾坤福寿镜》等戏。我于1983年7月正式拜毛世来先生为师。毛世来先生收徒非常严格谨慎，虽然我是领导亲自引荐的，但毛老却不动声色。他通过对我学习的态度、演出的情况、为人处世的观察，直到1983年7月才正式收我为徒。从此我称毛世来先生为师父。后来我才知道，师父在收我为徒之前，曾多方了解我的情况，尤其是品行和艺德。师父对我说："收徒容易，长久难，我收你为徒，就是要对你负责任。你拜我为师，也要为京剧艺术负责任。我不能作挂名师父，你也不能做挂名徒弟。不要徒有虚名，要脚踏实地，在台下清清白白做人，在台上认认真真演戏。这样才能对得起党和国家对咱们的关心、对京剧事业的支持。"

我们长春市京剧团离师父家很近，我自从向毛世来先生学艺开始，每天除了在剧团练功室练功，基本上都是在师父家学习。那时师父已经六十岁了，虽然身体欠安，但还能站起来，一边说戏一边做示范。他传授给我的戏，句句有准纲，下下有交代，时隔四十年后的今天，我还有着深刻的烙印和体会。恩师不仅德高望重，而且虚怀若谷。他对先贤们十分尊敬，对同辈们非常尊重，无论谈起哪一位演员，总是先给予肯定，指出人家身上的优点，叫我学习。他要我一定多学多看，集腋成裘，来丰富自己。有一次我在师父家学《棋盘山》，吃午饭时，师娘叫我好几次吃饭了，我因在小屋专心致志地背戏没有听见。师父就过来对我说："美珠该吃饭了。"师娘给我端上面条，并煎了两个鸡蛋。师父说："该吃饭时就得吃饭，有句老话儿，人是铁饭是钢，一顿不吃饿得慌。只有吃饱饭，才能身体健康。咱们学习演戏也是一个理儿，基本功是基础，剧目是食粮，戏好学，功难练。好比手表，有了各种零配件才能组装成手表。有了基本功才能学好戏，有了戏才能吃饱饭不闹饥荒。"师父通过吃饭的小事，举一反三，潜移默化地讲出了哲理，使我进一步明白了：要想成为一名合格的京剧演员必须有扎实的基本功，勤学苦练丰富自己。肚里有食不会饿，同样在艺术上，身上有东西才能有备无患，不会饥荒。

毛世来先生教戏非常讲究"四功五法",对唱、念、做、打和口、眼、手、身、步都有明确的要求。"唱"必须字正腔圆、轻重缓急、抑扬顿挫、吐字行腔要求清楚适度。师父常说:"演员的唱是演唱,不是为唱而唱,演唱的目的是通过声腔和唱词表达人物的感情。只有把声腔和感情融为一体,声韵悠扬婉转,悦耳动听,才能声情并茂,演唱才能具有感染力。""念",师父常说:"科班有句老话叫'千斤念白四两唱',念白看似容易,实际很难。京剧的念白分'念'和'白口'两部分,念白比唱还难掌握。京剧的念如'引子''定场诗'等,要求合辙押韵,'念'带有音乐性和节奏性。'白'又分京白和韵白,京白接近生活,韵白有腔有调,有较强的韵律感和节奏感。念白要练习,唇、齿、鼻、喉、舌五音。一定要有分寸感、适度感才行。""做"和"打",师父常讲:"做功就是做派,指演员的表演动作。'做'来源于生活,经过提炼加工、集中和概括,身段动作具有鲜明的艺术性。首先要从人物出发,假戏真做,以虚代实,虚实结合。如骑马、划船、开门、进门、穿针、引线等。尤其旦角的表演,'做'必须写意出形,以形传神,形神传意。也就是说通过'做'的形,达到形中有神、神中有情、情中有魂,就是'做'的灵魂。'打'是技术技巧的展现,'打'包括基本功、毯子功、把子功等。唱念有气口,武打也同样要有气口。要根据人物、根据剧情,张弛有度。'打'绝不是卖弄技巧,而是通过技术技巧,表现人物的个性。京剧舞台上的'打',是加工和美化的表演艺术,要做到'武戏文唱',有情、有节、有内容。"

毛世来先生对继承传统艺术,很讲究规章法则。至今我还记得师父曾说:"马上不能跺脚,因为一跺脚,马就跑了。马鞭不能触地,马鞭触地,人就不在马上而在地上了。"还比如"云肘"的运用,"人点神鬼摇"。人用云肘前点后仰,不能摇晃画圈。因为云肘画圈表示旋风,腾云驾雾,只有神鬼才能摇晃画圈。通过师父教我的点点滴滴,可见毛世来先生对京剧艺术理解之深、分析之透、掌握之全。创新不破格，守格不守旧。毛世来先生在艺术上师从诸家，博采众长，刻苦磨炼，精益求精，走出了一条属于自己的绚丽异彩的艺术之路。他在继承传统上，广纳博取，演出剧目之多，艺术含金量之高，令人叹为观止！

京剧表演艺术具有高度综合性的特点，而毛世来先生的表演艺术，在综合性的基础上，又有着自己的独特性、多彩性。毛世来先生的演出剧目，既有传统美的共性，又有俏丽美的独立性。在艺术上重视传统，但守格不守旧，很多剧目都与众不同，或"小同大异"。他传授我的《白门楼》，当马童报信，曹操大军兵临城下时，吕布身披大靠"起醉霸"上场。醉眼迷离，醉步透威，非常别致。当被刘、关、张打下马时，吕布扔枪"肘棒"，被擒，醉意还没醒。再如在帐内，曹操问刘备："使君，我有意收吕布帐下为将，你意如何？"刘备恐曹操收吕布后，对自己发展不利，提示曹操："杀也在丞相，放也在丞相，可记得丁董之故事乎？"提醒曹操吕布是反复无常之人，促使曹操下决心诛杀吕布。当曹操说"斩"字之后，吕布大惊。毛世来先生的演法是：面对大帐单腿跪地甩发立起，本地窝干拔反飞脚，单盘右腿，左腿悬空，屁股座子落地，同时甩发散落扑面。表演难度相当大，充分表现了吕布色厉内荏、惊恐万分的神态。该演法既有高难的基本功技巧，又有鲜明的毛世来表演艺术特色。京剧《南界关》是北京富连成科班独有的秘本剧目。早年金喜棠、方连元、叶盛兰等前辈艺术家都曾演出过。早年《南界关》的唱腔以昆腔曲牌为主，后来毛世来先生根据自身条件和京剧艺术特点，将《南界关》前半部唱腔改为皮黄腔。设计了［西皮原板］［二黄导板、回龙、三眼］［西皮二六］等唱腔板式。1982年，师父将《南界关》传授我时，又根据我的嗓音条件及文戏基础比较好的特点，把［西皮原板］改成了［西皮慢板］，更加符合人物内向含蓄、不露锋芒的性格。唱腔柔婉中透着刚毅，恰到好处地表现了徐金花忧国、忧家、忧民的细微感情，获得了良好的艺术效果。

　　毛世来先生在继承传统、创新发展京剧艺术上，为后人树立了榜样。毛老"创新不破格，守格不守旧"的原则和精神，永远值得晚辈学习借鉴。

2021 年 4 月 9 日

桃李成蹊

缅怀恩师毛世来先生

王继珠

毛世来先生是我国著名京剧表演艺术家和杰出的戏曲教育家，也是我们敬仰的一代恩师。毛先生早年学艺于北京富连成，为"世"字科学员中出众者。

1949年后，先生艺术声望进一步提高，在党的文艺方针指引下，胸怀壮志，奋进不息。1958年应邀来吉林省工作，先后任吉林省京剧团团长、吉林省戏曲学校副校长职务。这期间，除进行示范演出之外，把大量心血倾注于戏曲教育事业，为吉林省培育了一批又一批戏曲新秀，对戏曲舞台的繁荣作出不可磨灭的贡献。

1986年，我由河北省京剧院调往吉林省工作，有幸认识了毛世来先生。毛先生说："你宋师父没完成的，我来完成。"后来我就提出我宋师父（宋德珠）教过的戏我不再学了。为了丰富演出剧目，开始学习筱派和尚派戏。后经时任吉林省文化厅厅长组织，1986年，我拜在毛世来先生门下。拜师仪式上毛先生赠我一部上下本的《汉明妃》。拜师后，我学习了全部《汉明妃》《吕布与貂蝉》（前貂蝉后吕布）、《乌龙院》《杀惜》《活捉》《棋盘山》《虹霓关》《游龙戏凤》等剧目。老师在身体不方便的情况下，教学仍然认真严格，一字一句地教我。在学戏期间，我还得到了毛莲莲师姐的帮助与支持，使我丰富了演出和教学剧目。感激师父的栽培，也感谢师娘、师姐及家人对我的帮助和照顾。

怀念我的恩师

王晓菊

一代名伶，"四小名旦"之一，京剧大师毛世来先生，早在二十世纪三四十年代就以精湛的武功和技艺，还有他那独具一格、堪称一绝的"跷功"红遍大江南北。他的嗓音甜润娇媚，演唱富有感情，表演细腻，身段优美，一批又一批观众为之陶醉。他独具特色的念白，无论京白还是韵白都是既有情又有味，感染了一批又一批戏迷。

1958年8月，毛世来师父为响应国家号召，应吉林省委的邀请，率领他的和平京剧团全体演员来到长春，建立了吉林省京剧团，师父任团长，王玉蓉任副团长。当时我正在吉林省戏校学习，著名表演艺术家贾多才、毛庆来、兰甘亭、安舒元、崔鸣仙、徐霖甫等老先生都在戏校任教。贾多才先生给我排的《樊江关》，崔鸣仙老师教我《武家坡》。戏校和省领导对我很重视，常叫我出去参加演出。1958年我从戏校到吉林省京剧团正式参加工作。1959年，我的恩师毛世来先生因工作需要调到吉林省戏校任副校长。领导为了培养我让我拜毛先生为师，之后又让我放下团里的演出任务随师到艺校进修，专门学习师父的艺术。师父在认真教授我真本领的同时，向领导提议"按富连成教学经验，应注重理论与实践相结合，让学员边学边演有利于学员技艺的提高。"省领导根据师父的意见，于1960年从戏校京剧科调出部分年纪稍大的学生，又从省京剧团抽出几名青年演员，成立了青少年实验京剧团，每周六、周日都在学校礼堂公演，使我们得到了跟师父学一出演一出的实践机会。当时我们每个人进步都很快，兴致也很高，在那样优越的学习条件下，没有理由不勤学苦练。进修期间，我跟师父学会了《穆桂英》《十三妹》《棋盘山》《樊江关》《打焦赞》《辛安驿》《小上坟》《铁弓缘》《醉酒》《刺巴杰》《银空山》《大登殿》《南界关》《虹霓关》《花田错》等。我和师父合演过《棋盘山》，师父演窦仙童，我演薛金莲，贾多才先生演程咬金。吉林省电视台建台时，我和师父去演《棋盘山》一戏，很受观众和领导的好评。可惜当时没有录像机，只是实况播放。1961年，吉林省京剧院要排《十女夺雁门》，需要把我调回去排戏，青少年实验京剧团也随之解散了。回到院里后，我除了参加院里的排练外，就是跟师父学戏并经常对外演出。我们院的副院长是王瑶卿先生的弟子王玉蓉先生。她演全场《红鬃烈马》的王宝钏，我演代战公主。师父也跟王玉蓉副院长合作过代战公主。

毛世来师父待人宽厚，平易近人。他经常告诉我："不管演什么角色，都要认认真真地去演，只有小角色没有小演员。"调回省京后，我还经常去师父家学戏，师父、师娘对我就像亲生女儿一样，无论在艺术上还是生活上都很关心和爱护我，但在学戏排练时，对我要求却很严格，一丝不苟。记得我跟师父学《大英杰烈》时，有一句唱总是唱不对，师父也不发火，还笑呵呵地说："再来，不对，再来。"我却越来越紧张，我唱一遍师父拿一根火柴棍，大约拿了七八根的时候，师父站起来不声不响地走了。当时可把我吓坏了，饭都没吃好，心想师父一定生气了。晚上我去找杨继云老师，他是我们成立青少年京剧团时由省京调来的琴师，也是师父的琴师。杨老师又教了我几遍，我终于学会了。第二天师父和往常一样笑着对我说："怎么样，会了吗？"我说："差不多，我唱给您听听。"我唱完之后师父满意地笑了，还是什么也没说。后来我每想起这件事来就感触极深。师父当时已发现我学戏时有重武轻文的现象，虽没当面指责，但在我后来学戏时却经常提醒我："虽要扬长，但不可忽视补短，文武兼备才能成为好演员。"这是怎样的责任心和良苦用心啊！

师父每教一出戏都有要求，在教授我《穆桂英》这出戏的时候就提前告诉我，从扮戏开始，在后台穿戴什么样，演完戏就要保持什么样。不能像有的演员，一开打就把穗子摘了，不摘就穗子满台飞，珠子碎得满台都是，这样是功夫不到，这样演戏观众看了揪心，还不如不演。师父为了激励我练好跷功，给我讲述他在科班里的事。他说当时在科班里吃苦最多的是练硬跷功，站方砖、站三条腿的板凳、站在一寸多宽的缸沿上，一站一个多小时，吃饭、睡觉时都绑着跷，就连春节放假也穿着跷，步行回家，回到家还要站在自己家的缸沿上听父母训教，跷就像自己的脚一样。富连成当时有句歌谣"小脚一双，泪水一缸"，说的就是这个跷功，每天练功汗水从头流到脚。老话说，"台上一分钟，台下十年功"，一点都不为过。其实早在20世纪50年代就听班世超师叔说过，师父在富连成练功最能吃苦，最有耐力，站方砖、站三条腿的板凳、站缸沿，别人下来他还在上边多站十分钟。有些功花旦不用练他也跟着练，所以他的武功、跷功在舞台上得心应手，运用自如。青衣、花衫、刀马旦、花旦、武旦无所不能，而且演得都好，堪称文武全才，不愧为"四小名旦"之一。再出一个毛世来可难了！艾世菊师叔和我讲过，说我师父能耐好，为人忠厚老实，平易近人，没有一点大角儿的脾气，特别朴实善良。

师父的舞台功力和精彩技艺博大精深，是我终生难忘的。1958年，师父的和平京剧团刚来到长春时，吉林省领导为了让省市文艺界观摩学习，开开眼界，请我师父在内部演出了几场戏，有《大劈棺》《小上坟》《大英杰烈》等，都是踩着跷演的。过去只是听说师父的跷功如何好，那次可是开了眼了，不但扮相身段漂亮，他那精湛的武功和跷功真是太绝了，令台下的观众掌声不断。在演出《大劈棺》一戏时，师父在刻画人物方面是那样细腻，嗓音娇媚清亮，风姿神韵光彩夺目，给人一种美的艺术感受。

特别是在最后一场"劈棺"时，一张半的高台子踩着跷两步上去，举斧子起三锣"仓仓仓"棺一开，刹那间师父从台子里的高台上一个"蹲抢背"到台口，左脚蹬起转身蹁腿在空中盘腿大屁股座子，真是太绝了。后来师父把这个功夫传给了我，我在演《棋盘山》中的薛金莲时就用上了这个动作。师父不但对我，对任何前来求教的人他都毫无保留地传授，并且非常热情，令人十分感动。

后来我又有幸拜筱派创始人、京剧大师、花旦大王"筱翠花"于连泉先生为师。当时是1961年，时任省委宣传部部长宋振庭从北京将老艺术家"筱翠花"于连泉先生、"芙蓉草"赵桐珊先生和钱宝森先生接到长春，给省直文艺界讲课教学。领导点名让我学习"筱派"艺术，提议让我拜师。当时于连泉师父要求先教一出戏看看，等观察后再确定收与不收。于是省京、市京各派了几个不错的演员，开始每天到宾馆找师父学习《花田错》。虽然我们去学戏的时候都是所在单位的主要青年演员了，但对"筱派"艺术还是很陌生的。学戏之前我们首先学的就是"筱派"台步，因"筱派"所有步法都与众不同，一出戏学习完毕，师父和师娘都同意收我为徒。后来领导主持了拜师仪式，红毯铺地，大礼参拜，省市领导和名家名人参加仪式，场面非常隆重。拜师之前我心里有些顾虑，因为1959年我已经拜毛世来先生为师，如果我再拜"筱翠花"于连泉先生为师，就等于拜了师父的师父为师，毛师父能同意吗？为此领导找到毛师父商议说，为了抢救艺术遗产，让晓菊再继承点"筱派"艺术，晓菊的条件好，基本功扎实，送她去好一些。毛师父当时就说："为了培养人才，这是大好事，各亲各论，我的师父也很多嘛！博采众长，对晓菊今后发展有好处！"毛世来师父心胸宽广，宽厚待人，有着大艺术家的胸怀，让我至今都非常感激。后来我随于师父去北京长达三年之久，在学习过程中有些技艺比较轻松地就学会了，这与毛师父的教诲是分不开的，因为毛师父在富连成坐科的时候就有

"小筱翠花"之称。

多年来，我一直在从事教学育人的工作，共教了五届学生，退休后又被中国戏曲学院聘为客座教授，仍在传承师父所教我的精湛技艺。感恩师父挥洒汗水对我的培育，逢年过节我都会祭奠师父，寄托哀思，以尽弟子之道。师父啊恩师，您的音容宛在，英明永世长存，万古流芳！

孙永平代笔

回忆与恩师毛世来先生学艺的日子

蔡静秋

时光飞逝,岁月荏苒。我的恩师毛世来先生已经过世27年了,但在他身边学戏、演出的往事依然历历在目,难以忘怀。

1958年我考入吉林省戏曲学校(吉林艺术学院戏曲学院前身),八年坐科期间师承我国著名表演艺术家、戏曲教育家、"四小名旦"之一的毛世来先生,工武旦、刀马花旦。

记得当年考入戏校时,学校戏曲专业只有评剧科,京剧科是后来由省政府、省委宣传部及北京来校任教的老艺术家共同筹建的。当时,时任省委宣传部部长宋振庭决定成立京剧科,要从评剧科选出10名优秀学生组建京剧科,我是唯一一名被选中的女生,也就顺理成章进入了毛世来先生的课堂学戏。后来陆续有其他同学来过毛老师的课堂,但很快因自身条件差异又转到了别的老师课堂,只有我从始至终跟随毛老师学戏。其间很开心的一件事,是我恩师的大哥,武生表演艺术家,也是筹建京剧科的主要成员毛庆来先生非常喜欢我,还收我为干女儿。

毛老师的表演独树一帜,我跟随毛老师打下了扎实的功底,形成了自己的表演艺术风格,学习并继承了《穆柯寨》《棋盘山》《大英杰烈》《贵妃醉酒》《刺巴杰》《南界关》《春香闹学》《打焦赞》《虹霓关》《十三妹》等独具匠心的剧目。他跷功极佳,以能唱擅做、文武兼备名著一时。毛老师在长期的演出实践中,博采众长,择善而从,在继承老师及前辈艺人传统艺术的同时，不断创新，形成了别具特色的跷功、扑跌技艺以及婀娜娴熟、玲珑娇巧的独具个性的艺术风格。像《打焦赞》中，对杨排风的棍花的处理就有别于其他派别，一般都是两次耍单棍，而毛老师是先耍单棍，再耍双棍，叠加的效果更精彩。还有《十三妹》在造型上就有别于其他派别，其他派别是背弓、背刀，而毛老师是背弓、挎刀，更符合造型的平衡美感。在动作上更有毛老师的自创绝技，比如在悦来店中的蹲椅子绝活儿，每次都会博得台下观众的阵阵喝彩。

时任省委宣传部部长宋振庭非常重视和关心戏校的教学，尤其是京剧科，不断从北京邀请京剧名家来校任教，我师爷京剧筱派创始人于连泉（筱翠花）就是其中一位。我很幸运由师爷亲授了他的拿手戏《花田错》中春兰角色，真正领会到筱派做工的精致、细腻。那个时候每天和师爷、师父在省宾馆学戏。在此期间，宋部长在工作之余经常来教学现场看望慰问。记得有一次，和师父去宋部长家里做客，宋部长还让我表演一段《花田错》。表演后，宋部长连连夸赞说："好，不错，真不错，眼睛有神，动作到位，老师教得好，学生也学得好。"我心里别提多高兴了，师父也非常开心。在学校和毛老师学戏的过程中，我还出演了全本大戏《白蛇传》中的白素贞、《杨门女将》中的穆桂英，还有现代戏《红灯记》中的李铁梅。我还记得第一次喝蛤蟆油就是在师父家中，那是第一次演出由师父亲授的《十三妹》，演出非常成功，演出结束后师父就把我领到家里，师娘做了很多好吃的，但那碗冰糖蛤蟆油的美味我至今难忘，更难忘的是师父和师娘对我的那份厚爱，那是别的学生享受不到的。转眼八年科班毕业，吉林市文化局局长到学校挑人，选中了我，把我选到了吉林市京剧团，对我非常重视，作为团里重点培养对象。那个年代只演现代戏，刚到团里的第一出戏就是以唱功为主的现代京剧《海港》中方海珍这个角色。因为当年在学校里始终跟随毛老师学戏，得到了毛老师的真传，在唱、念、做、打上都练得扎实的基本功，因而我把这个角色演绎得游刃有余，非常成功，得到了业界的高度评价。后来，吉林市中青年汇演，团里给我安排了《虹桥赠珠》这出吃功夫的戏，我还获得了一等奖。

我每年都回长春去看师父和师娘，在吉林省地区搞汇演时，师父问我准备拿什么戏参加汇演？我说："我去年是《虹桥赠珠》得了一等奖。这次汇演我想跟您学《擂鼓战金山》，不知您身体行吗？"我当时清楚记得，毛老师非常爽快："没问题，我教你，明天开始，你就在我家里学。"我特别激动，但同时又担心老师的身体，因为那个时候老师已经因脑血栓留下后遗症，坐了轮椅。还记得学习当天，老师早早把录音磁带准备好了，把念白、唱词先录下来，然后一字一句地教我，在教戏的过程中老师身体直冒虚汗，我很心疼地说："师父，您先休息一会儿吧！"可师父说："得抓紧时间学习，还得给你留出时间回吉林团里和乐队磨合，这是一出女版《挑滑车》的功夫戏，小锣和大锣都要和武场乐队严丝合缝地配合。"就这样，每天上午在老师家学唱、念、起霸，下午到京剧名丑贾多才之子贾寿春老师那里练武戏。

毛老师教我的《擂鼓战金山》无论是起霸、开打都突破了刀马旦和武旦的行当界限，在动作上用的是武生的大靠翻身、上马，武打中采用了《南界关》中用枪头抽打对手的靠旗，下场花也用了武生的大枪枪花，连贯性极强，整出戏的技巧和动作都非常精彩。凭借这出戏我不仅在汇演赛拿了一等奖，还在比赛中获得了评委们的最高分，得到了文艺界高度评价和认可。接着连续三年，在三届省中青年汇演中又连续拿了三个一等奖。当我拿着获奖证书到老师家时，老师看到获奖证书时比我还激动，说："你个小静秋，还得了三连冠，连中三元哪！这么多年没白在我跟前学戏，看到成果了！我今天太高兴了！"然后告诉师娘说："多做些好吃的，在家为孩子庆贺一下。"我说："师父，这一大半可都是您的功劳啊！创作出这么精彩的戏！"看得出来，那天老师真的很开心。

如今我的恩师已经离开我二十几年了，但在师父身边学戏和生活的点点滴滴还是历历在目。每当翻开相册看到和师父在一起的合影，仿佛好多往事就在昨天。老师传授我的京剧艺术使我终身受益。从艺至今六十几年来，从学校的尖子生变成剧团的中坚力量。我的从艺路上，得遇恩师毛世来先生便是此生幸甚之事。

至今我还在传承着国粹京剧艺术，传授毛老师的艺术，培养了一批又一批优秀的京剧人才，他们有在全国各地专业院团从事演员工作的，也有在我母校学习的，还有在京剧最高学府——中国戏曲学院继续深造学习的。恩师虽然不在了，但他的艺术作为经典将永远流传下去。在此写下与恩师的点滴回忆，作为永久怀念。

怀念我的恩师毛世来先生

闫淑平

我出生于京剧梨园世家，父亲闫茂林是唱金派花脸的，我大哥闫宗义是唱老生的，我大嫂李筠秋是唱刀马旦的。我三哥闫宗孝比较全才，能唱花脸、武丑，也能当导演，总之在京剧行里是很有名望的人。我在这样的生活氛围中成长，对京剧有了初步认识，由熟悉到热爱。我父亲曾是长春市京剧团的老团长，经常带团去全国各地演出，也接名角儿到长春演出。只要有名角儿来，我父亲就把我带到剧场，不但能看戏还能到后台看名角儿化装。那时连梅兰芳大师和周信芳大师的演出，我都曾看过，这样与京剧接触时间长了，使我对京剧的感情特别深厚。我小学毕业时，学校保送我上重点中学，我宁可放弃，也非要学戏。恰好，1958年毛世来先生带领北京和平京剧团调到吉林省长春市，并成立了吉林省京剧团。我父亲跟我说"四小名旦"之一的毛世来先生就任吉林省京剧团的团长。我崇拜的名角儿来到长春，近在咫尺，当时心里别提多高兴了。

当时赶上省京剧团在招收学员，我听到消息后，二话没说，就赶紧报了名。考官正好是毛世来先生，当叫到我的名字后，我既紧张又激动，记得我当时唱的是京剧《宇宙锋》的"引子"，和[原板]唱段，还考了一些武功，毛先生对我的成绩很满意，我很顺利地就成为吉林省京剧团的学员了。当时认识了毛莲莲师姐，还有王晓菊、李秀琴、李砚茹、王小娟、高小平、姜小霞师姐。这些师姐带着我给毛先生跑女兵、跑宫女，既锻炼了自己，也近距离地看到了毛先生的很多拿手好戏，如京剧《大英杰烈》

《花田错》《法门寺》《穆桂英大破洪洲》《贵妃醉酒》《十三妹》《玉堂春》《潘金莲》《樊梨花》《吕布与貂蝉》《红楼二尤》《梅玉配》《得意缘》，还有毛先生的跷功戏《小上坟》《小放牛》，还有很多戏，我就记不清了。总之，这些戏既有花旦、青衣，又有刀马旦、小生，行当最全了。毛先生什么都能演，又演得那么出神入化，惟妙惟肖，我简直都看呆了。虽然那时候我没直接跟毛先生学戏，但毛先生的这些戏已经深刻地印在我的脑海里，让我崇拜得不得了。

后来毛先生又调到吉林省戏曲学校任副校长，我又追到了戏校，这次如愿以偿地走进了毛先生的课堂。这会儿，我才名正言顺地成了毛老师的学生。我很珍惜和毛老师学戏的这段时间，毛老师教的京剧《打焦赞》《铁弓缘》《花田错》等，老师的每一个动作、每一个眼神、脚步，嘴里的尖团字、上口字，我都认真地学、认真地听，包括练功中枪花、棍花、刀花、下场花、马趟子。有的还是毛老师的私房活，老师都认真地做、认真地教，我也认真地学。跟毛老师学习的过程中，使我掌握了许多以前不懂的京剧知识，同时也给我打下了坚实的京剧艺术基础，使我认识到启蒙老师是最关键的老师。

跟毛老师学的戏很多，仅以《铁弓缘》为例，首先老师给我们认真讲解剧情，分析剧中各角色人物，特别是主角陈秀英，开场饰演花旦，但不同于一般花旦，因她从小习练武艺，所以要比其他花旦放开些，要有点儿武气。在屋内擦桌椅和扫地的动作中，在舞台上要呈现出美的特色，自然要表现得洒脱、活泼、俊俏、婀娜。当端盆上来，虽然是空盆，要感觉盆内有水，投手巾、拧手巾都要形象逼真。擦弓时有段沉思，因为这张弓，有她一段心事，擦完弓后将盆里的水掸到地上，为的是不起灰，在扫地时，配合锣鼓点，做出有节奏感的优美动作。当陈秀英第一次上场，给客人提的是精致的瓷壶瓷碗，当看到客人是见色颜开的纨绔子弟时，她一转身，有一个小跺脚的动作，心想这种人不配用这套瓷具，下去之后，拎上来一个大铜壶和饭碗，进屋后往桌上重重一放，不正眼看他，表现出很讨厌的气势。第二次拎壶上场，拿的还是大铜壶和饭碗，当她看到见义勇为的义士匡忠时，马上心有所动，眉飞色舞，抽身下场换来了瓷壶瓷碗。上场时，还特意摸摸花，拽拽衣服，打扮得干净利落进屋，给匡忠倒水时，因心不在焉，水都倒在外面了还不觉，这些细节都体现了陈秀英对匡忠的敬佩和爱慕。当陈秀英与匡忠比武时，第一局被匡忠打败，她凭着那种不服输的劲儿，第二局赢了回来，最后与妈妈说出了心事，因为匡忠拉开了她家的那张弓，然后以身相许和匡忠定下姻缘。正是这步步紧逼的故事情节，令演员随着剧情的变化，掌握人物感情的宣泄，通过这些小的表演动作、内心活动，让陈秀英爱憎分明的性格在舞台上体现得非常透彻。毛老师说，演戏要演好戏中人物，不能千篇一律，不能一副脸。毛老师在京剧艺术上取得的辉煌成就，值得我追求、学习一生，激励我以后取得更多成绩。

在学习京剧《花田错》时，恰巧全国著名花旦表演艺术家于连泉（筱翠花）老先生到长春电影制片厂，拍摄京剧电影《坐楼杀惜》。长春各个剧团都抽调主演尖子跟于先生学戏，戏校抽调我们四个小姐妹跟于先生学京剧《花田错》。这是毛老师推荐我们几个去的，我们真的太荣幸了！毛老师说让我们管于先生叫师爷，说于先生是他的老师。在接触于先生的过程中，我看到于先生的眼神表情非常美，本来于先生长得就很漂亮，我记得于先生给我们讲课，就讲京剧《坐楼杀惜》，说阎惜姣喜欢的是宋江的徒弟张文远，讨厌的是宋江，看到张文远的眼神，是喜欢、暧昧、调情的眼神，看到宋江是厌恶、心烦、憎恨的眼神，所以对待这两个人要有不同的语气、不同的身段、不同的表情。又比如京剧《拾玉镯》中的孙玉姣，是个情窦初开的农村小姑娘，平时在家养鸡、做针线，见到假意买鸡的傅朋，两人一见钟情，那种娇羞、心跳，想看又不敢看的那种复杂心情，于先生表现得淋漓尽致。还有轰鸡、喂鸡、做针线活儿的动作都非常细腻。再说京剧《花田错》里的小丫鬟春兰，是个活泼可爱、聪明伶俐、热心助人的小姑娘，为了促成小姐刘玉燕和卞先生的婚事，也费尽了心思，想出了很多办法，甚至让卞先生男扮女装到绣楼与小姐相会，闹出了很多误会。其中为了给卞先生赶做新鞋，她跟小姐连夜做鞋，其中有段搓麻绳、纳鞋底的动作更是叫绝。和毛老师学戏这段时间再加上于师爷的点拨，我才开了窍，知道怎样去丰富人物、表演人物，内心也有戏了。后来我演出京剧《花田错》，就得到了大家的认可和好评。

  我们戏校在学习期间每到周六或周日，学校的尖子生都要到长春市工人文化宫三楼小剧场，参加带观众的实习演出，演出过程中也确实锻炼了我们。我有幸参加了戏校临时成立的青年京剧团。我还记得我们师姐演出的剧目：毛莲莲师姐演出了京剧《法门寺》，饰演宋巧姣。王晓菊师姐演出了京剧《大英杰烈》，饰演陈秀英，我荣幸地在此剧中饰演关月英。李秀琴师姐演出了京剧《棋盘山》，饰演窦仙童，王晓菊师姐饰演薛金莲。李砚茹师姐演出了京剧《贵妃醉酒》，饰演杨玉环。虽然不以我们为主，但是毛老师在教师姐的过程当中，我间接学到了好多内容。在这些戏中我们演宫女，有时演女兵，甚至还演过男兵和龙套、大铠等，这给我以后带学生说戏、排戏打下了良好基础。我能说全堂戏，不仅能给主演说戏，而且还能给兵士、龙套、宫女等说戏。什么叫大站门、小站门、挖门、二龙出水、斜一字，什么叫一条边、大边、小边，桌椅的摆放，什么叫大座、小座、八字座、旁座等，我都熟记于心，所以排起戏来就会得心应手。毛老师的跷功是一绝，能踩跷翻跤子抢背，或摸爬滚打，听说毛老师练跷功是站在缸沿上练的，脚尖上绑上一个三寸小脚，全身的重量都靠脚尖的力量去支撑，可见毛老师的功夫很扎实。毛老师一直是我前进的方向和目标。越到晚年越感到在跟毛老师学习的经历中受益良多，终身受用。

我在省京剧院和戏校接触到了很多京剧表演艺术家，我的老师毛世来先生是全国著名的"四小名旦"之一，还有王玉蓉和曾教过我京剧《女起解》的梁小鸾等老一辈艺术家。戏校有全国四大名角之一贾多才先生和他的儿子贾寿春先生，还有毛老师的大哥毛庆来先生、毛老师的三哥毛盛荣先生、荀派名家朱桂华先生、张派名家崔鸣先先生、小生名家洪维良先生、导演胡允立先生，还有我师爷于连泉先生。总之，这些表演艺术家和老师对我一生的成长和学习，都起到了至关重要的作用。

在戏校排演京剧《谢瑶环》的过程中，我饰演谢瑶环，既演青衣又演小生。在戏校期间我学习了花旦、刀马旦、青衣和小生，行当也算比较全了。我们既学会了京剧传统戏，也学会了京剧现代戏。如今我回想起毛老师演的那些人物，仍记忆犹新。例如：《大英杰烈》中的陈秀英，前花旦、中青衣、后武生的英姿飒爽；《花田错》中的丫鬟春兰，天真、活泼、美丽动人、助人为乐的小姑娘；《法门寺》中前演闺门旦孙玉姣，后演青衣宋巧姣，前后行当的反差；《穆桂英大破天门阵》中忧国忧民的爱国英雄穆桂英；《贵妃醉酒》中雍容华贵的贵妃杨玉环；《十三妹》中杀富济贫的侠女十三妹；《玉堂春》中柔弱的青楼女子苏三；《吕布与貂蝉》中前饰演端庄、秀丽、婀娜的貂蝉，后饰演潇洒、英俊、刚健、威武的小生。这一切，都表演得淋漓尽致。这就是毛老师的特点，演什么，像什么。一句话，就是把人物演活了。已年逾古稀的我，至今回忆往昔，感谢培养我的那些老师，更感谢我的恩师毛世来先生。在我的心中，毛老师不仅是我的恩师，也是我的慈父。记得1960年，在三年困难时期，全国粮食统购统销，我们在校学生吃不饱，晚上我们到毛老师家，毛老师和师娘拿出最好的富强粉馒头还有点心给我们吃。这在市面上是很难看到的，那段父女般的情谊，我始终牢记于心，永远不会忘记毛老师和师娘对我的恩情！

毕业后我被分配到吉林市京剧团，因为有扎实的京剧功底，不久我就成为京剧团的主要演员。演过传统京剧《白蛇传》《挡马》《血泪鸳鸯》《红娘》《花田错》《拾玉镯》《铁弓缘》《勘玉钏》《吕布与貂蝉》《三打白骨精》和现代京剧《红灯记》《智取威虎山》《沙家浜》，其中《八一风暴》《梅花案》我演的是反面人物（女特务）。现今我已退休，从事教学工作已经二十多年了，我一直秉承老师的教导，为学京剧的每名学生打下扎实的基础，多年来为北京职业艺术中专、中国戏曲学院附中、天津艺术学院、上海戏曲学院、吉林艺术学院、吉林省京剧院、沈阳京剧院、大连京剧院输送了上百名学生，有的学生曾荣获全国金奖、全国银奖、全国铜奖。及至晚年，我招收的第一个徒弟，她叫赵霜梅，人不仅年轻漂亮，而且心灵手巧，能够刻苦钻研学习京剧艺术，经过我耐心教授，霜梅认真学习、体会，现在青衣、花旦的手、眼、身、法、步都已熟练有加，通过多次演出，现已小有名气，她还是我的得力助手。我的学生谭晓端、葛芳彤、霍孝君、刘颖、张可芝、张岚岚、郭洪军、杜晓红、赵丽妹、刘慧珍等都是我得意的门生。2021年，是我的恩师毛世来先生诞辰100周年，我于2020年12月18日，在吉林市群众艺术馆三楼"喜连成小剧场"，组织了一场我的学生（最大年龄72岁，最小年龄10岁）的汇报演出。演出受到了文化局、艺术馆领导的支持，获得各界观众一致好评。

  我以此来告慰我的恩师毛世来先生。请老师放心，我会继续努力把恩师的中国京剧艺术即"国韵京腔"瑰宝传承并发扬光大，使恩师毛世来先生的京剧艺术之树长青，在中国京剧艺苑中永放光芒！

名伶高德　良师风范

刘丽敏

我的老师毛世来先生已经离开我们四年了。想起跟他老人家学艺，以及后期为他助教的难忘岁月，仿佛就在昨天。

记得十一岁那年我刚入学，就幸运地被分到了毛老师的课堂。毛老师当时任戏校副校长兼京剧科教师，又是享有盛名的京剧"四小名旦"之一，能和名人学艺，让我既兴奋又紧张。第一天上课，一进课堂看到穿着中山装面目严肃的毛老师，我紧张起来了。开始上念白课时，一张嘴我的舌头就不听使唤，平卷舌开始不分家，心想，这下肯定得遭到老师的白眼和挖苦了。没想到毛老师却笑了，他看出我是学生中年龄最小的一个，精神有些过分紧张。就主动打开话题，问我家住哪儿，姐妹几个，等等。待我情绪稍稳定后便说："要学好京剧，首先要改变地方口音，什么'俺们吉林''咋的了'都得彻底改掉。要从日常生活用语学起，学讲普通话，要纠正尖团字不分的毛病。"由此，引申到京剧旦行"京白"的念法和"韵白"的特点，并为我们示范念了几句《悦来店》中何玉凤的京白白口，又列举了《贵妃醉酒》中"丽质天生难自捐……"韵白有些字为什么"上口"的例子。毛老师的声音清脆响亮，吐字干净利落，他用娴熟的技艺、循循善诱的教学语言把我带进了戏曲艺术的殿堂，使我领略了艺术家的风采，感受到了京剧旦行艺术的魅力，从此爱上了这一行。

毛老师的教学不拘一格，他坚持量才适用，人尽其才。根据课堂学生条件的不同，分别选择开蒙戏，既为学生归工、归路打好基础，又让学生互相取长补短、兼学别样。年龄偏大的、嗓音条件好的、理解能力强的，以学青衣花衫唱功戏为主；嗓音条件差的以先学刀马旦应工戏为主。根据我当时的年龄和嗓音条件，先是为我开了花旦应工戏《春香闹学》，兼学《悦来店》中大段"京白""趟马"，《虹霓关》的"枪架子"，《贵妃醉酒》的唱念。一学期下来，既完成了归工、归路的剧目，又学习掌握了刀马旦、青衣的唱、念、做、打等主要功法和套路，为完成这些剧目奠定了基础，使其课堂的每个学生在唱、念、做、打基本功上都得到了素质训练。这和毛先生本身艺精、戏路子宽是分不开的。学生课堂中的多学多得，也为后期的发展奠定了坚实的基础。我和毛老师课堂中其他几名学生，在进入高年级的演出实践中，正是发挥了能文能武的优长，才有条件担当起大型新编历史剧《杨门女将》中穆桂英、历史神话剧《白蛇传》中白素贞等主要角色。

幼时学艺，师者的"传道，授业，解惑"的敬业精神给我的启迪，使我终生难忘。毛先生是我学艺入门的良师，也是我从教的导师。

晚年的毛老师不顾年迈体弱多病，不顾路途遥远，每天都按时按点，由子女陪同乘坐公共汽车来学校上课。他为后期招收的学生补教传统教学剧目这一课，上课还是那样认真，一丝不苟，一板一眼，一招一式从不放过。由于示范动作的运动量较大，终于使他力不从心，劳累成疾，在一次排戏时，他突然感到手脚麻木，四体不支病倒在课堂上。为完成教学任务，他躺在病床上，坚持把戏给中青年教师说完，以替代他完成全部《穆桂英》教学任务。使七九届毕业生的实习演出获得好评。

毛老师的病情刚刚稳定，他就不顾家人劝阻，坚持要重返教学岗位，为学生传授技艺。他说："我身体残废了，可是我头脑还清楚，手还能动，嘴还能说，总不能把我这点玩意儿带到坟墓里去。"并且向领导提出要我为他当助教，我又一次幸运地得到了毛老师真传。

为了保证教学质量，充分展示毛老师艺术的特点，毛老师坐在轮椅上，用心和口向我传授技艺，我用动作一遍又一遍地演练着他老人家的精彩之作。他说我做，我唱他听，我动他看，直至达到他老人家满意为止，再由我一招一式地传授给学生。尽管如此，他仍然不放心，每堂课都要亲临课堂坐镇，有时身体实在支撑不住，才不得不把大课堂搬到"小课堂"，到他家里去说戏。特别是在说文戏时，他要求我边教边用录音机录下来，然后反复听录音，从中一字一句为我和学生找毛病并加以纠正，进一步使我体会到"教学相长"这一词汇的真实含义。

毛老师在教学中不守旧，极富创新精神，主张京剧"变中求兴"，并善于分辨粗精，加以取舍，而后发展。在教授全部《穆桂英》时，由他牵头把一些有丰富经验的老教师，如万啸甫、陆振英、张立达、陈世新等人聚集到一起集思广益，从剧本到剧情结构都一一进行分析研究，制订教学方案。从时代发展、观众欣赏要求出发，为克服京剧演出节奏太慢的弊端，在不影响剧情发展脉络的情况下，对场与场之间的衔接进行删减。从唱、念到重点场次的武打挡子都进行了个别的修整和重新设计。使《穆桂英》这出戏在八五届毕业生的实习演出中，受到了吉林、长春两市观众的热烈欢迎。

他主张用戏曲表演程式，为表演剧情和人物思想感情服务。要演出自己的新意，他以刀马旦行为例指出：行当与行当之间、人物与人物之间的表演都要求大同存小异地为人物服务。刀马旦行，顾名思义，拿刀、骑马，大都扮演精通武艺的女子形象，和青衣行相比念白多，唱少；和武旦行相比，身上要讲究功架平稳，招数清楚，武打动作要脆、美、帅，主要打"情"。例如：《穆柯寨》中穆桂英和杨宗保"对阵"，主要体现穆桂英对杨门忠良之后的爱慕之情。"打"是假，"爱"是真。如果打得太"冲"太"溜"，就既不符合"情"也不合乎"理"。又以穆桂英和樊梨花这两个同一行当不同人物为例，指出：这两个人物都是刀马旦行，同是扎靠穿，上场同是用"点将""阅兵"等一系列表演程式动作，但从人物出发，出场的眼神、程式动作要演出区别，穆桂英《穆柯寨》的出场是坐"大寨"，眼神要开阔一些，阅兵的表演动作要体现她占山为王、无拘无束、自由得意的心态。两番阅兵要加抖翎走"8"字圆场。而《樊江关》中的樊梨花出场是坐"大帐"，她的"点将""阅兵"要突出体现镇守三关元帅身份的稳和威，"阅兵"不加抖翎动作，抖翎就显得太野，不符合她镇三关兵马大元帅的身份。

为表演出新意和特色，毛老师在《穆柯寨》中饰演穆桂英唱[导板]"穆桂英跨雕鞍忙传一令"一句时，加上马鞭上肘、勒丝缰、脚下平磋步的动作，给人以郊外射猎的感觉和骑马边走边唱的意境。既训练了学生脚底功夫，又表现了人物所处的地点环境的不同，体现毛老师表演艺术与众不同的特点。人物形象的对比，使我们明确程式动作的运用不是千篇一律、一成不变的，但要万变不离其宗。要为剧情人物服务，不能为了卖弄技巧而演戏。

毛老师出自旧科班，但他在一生的实践中善于学习积累、吸收借鉴、开拓创新，他教学明戏文、讲戏理。能"归工"并毫不保留地把他精湛的艺术传授给中青年教师和学生。在他的晚年，坐在轮椅上授课的绝唱，给我们留下了深刻的印象和难忘的回忆，可谓为戏曲艺术教育事业呕心沥血，艺德高尚，为后人树立了良师的风范。

1998 年 9 月

怀念我们的父亲毛世来

2021年是父亲百年诞辰，感恩以张建国老师、王玉珍老师为首的中国艺术基金会，感恩以倪茂才院长为首的吉林省京剧院，感恩以衣庆华院长为首的吉林艺术学院戏曲学院，以及诸位尊敬的叔叔伯伯们，于父亲百年诞辰之际，在北京召开座谈会，并且为他出书立传，这是一件功在当代、利在千秋的大好事。

父亲一生，注定与京剧结下不解之缘，他有幸经历了国粹艺术发展的鼎盛时期，并在这个精彩绝伦的大舞台留下了属于他的光辉一幕。

父亲一辈四男三女。大伯父谱名家惠，坐科斌庆社，艺名庆来，深得俞振庭真传，是个公认的好武生。他多年陪伴李万春、李少春二位先生演戏，曾傍李万春、李少春同日于京津两地演《战马超》中的张飞，日场津门演毕赶回京城不误场的趣事。二位李先生演《狮子楼》离不开他的西门庆，一套夺刀非他莫属，《武松打店》大伯父反串孙二娘，与二位李先生配合默契，他左眼角和上嘴唇的两处刀痕，就是二位李先生一人一刀留下的纪念。他与李万春先生演出《战马超》"夜战"一场，二位均不用嘴叼着甩发，

■ 毛世来三个女儿及侄女合影　　■ 毛世来四个儿子合影

自然飘洒、丝毫不乱，演出了张飞、马超的威武英姿，也显露了他们深厚的功夫，堪称绝活儿。他们合作的《真假美猴王》《十八罗汉收大鹏》等戏，同样精彩异常，刀枪把子在他们手中是那样的不同凡响，毫不拖泥带水。大伯父扮相英俊，身段漂亮，一生虽然没有挑梁唱戏，却是个难得的好配角，他与二位李先生的合作可称是红花绿叶、相映生辉。二伯父家乐早逝。三伯父家燕，在富连成科班坐科，艺名盛荣，工花脸，对脸谱甚为专长，经他之手勾画的各种脸谱不但讲究，更是极富美感，而且对各名家的不同勾法很有研究，出科后基本上负责我们父亲演出的业务性工作，现在应该称业务经理吧。

父亲谱名家宝，字绍萱，坐科富连成科班，艺名世来，外界称父亲为"老五"，是缘于堂兄弟大排行之故。

父亲一辈因家境贫寒被迫入科班学戏，深知其中之艰辛酸苦，故无意让子女再入艺坛。在我们记忆中，大多是我们自己偷偷跑到剧场看他演出，看完戏赶紧跑回家睡觉，不敢耽误上学。父亲没上过学，他连做梦都想背上书包走进学堂，所以非常重视我们的学业。我们的大哥极具京剧天赋，记得他唱几段谭派戏，像《失街亭》很是不错，还经常扮上戏、吊上眉对着镜子练习。后被父亲知道，换来一顿体罚。回想起来，父亲绝不是不热爱他为之付出一生心血、汗水和艰辛的京剧艺术，而是深知学戏不易，当一名好演员更难之故吧。

对父亲幼年入科学艺，苦练基本功，出科成名，广拜名师，表演精彩纷呈的艺术生涯，我们童年时就从母亲及长辈们叙说中早有所知。待到我们成为青少年时，才真正欣赏到父亲在舞台上的表演魅力，每一次看他的演出，都深深觉得是一种艺术享受，从而对京剧这门博大精深的民族艺术产生了浓厚兴趣。

我们家是一个十五口人生活在一起的大家庭，家教很严，父辈们为我们做出了榜样，上孝父母，下疼兄爱弟，不顶撞长辈，而且规矩很大，长辈吃饭，孩子不能上桌，只能在下面小桌上，坐小板凳吃。

父亲是个大孝子，为了奶奶不再住东华门北河沿的大杂院，花光了全部家底，买下了大马神庙15号的小四合院，奶奶住北屋大间，父母带孩子住侧间。只要能让奶奶高兴，父亲什么都肯做，他总是想尽办法哄奶奶。奶奶爱吃"果子干"，父亲便把柿饼、藕、大杏干洗净用手抓成黏稠状，装进大玻璃瓶，放在奶奶桌前。每次外出，他都跪拜向奶奶辞行，这些都是我们亲眼所见的。1953年奶奶过世时，正赶上他在杭州演出，赶回来之后，他跪在奶奶像前失声痛哭，我们第一次见到在我们心中刚强的父亲泪流满面！我们也都陪着他跪祭桌前。选好日期后，我们全家老小披麻戴孝，重新祭奠，慰藉给了他生命的母亲的在天之灵！前来拜祭的人深受感动，一时传为佳话。

如果说父亲是为京剧而生，那我们的母亲就是为父亲而生。母亲出生在天津的一个富贵家庭，是独生女，十六岁就由长辈包办嫁给了父亲，并养育了我们四男三女。那时用的是煤球炉子，她大着肚子也必须搬出搬进，一大家人吃饭，全由妯娌三人动手，她抻得一手好面条，做的白斩鸡、米粉肉，至今想起来都流口水，她白天洗衣服、做饭，晚间我们睡下，还得为父亲做夜宵，为我们做衣服。母亲和父亲风雨坎坷、相依为命、操劳一生，无怨无悔，付出了所有，父亲患病瘫痪多年，竟然没有生过一块褥疮，可想而知母亲付出了多少艰辛，不愧是一位可亲可爱的贤妻良母。

父亲七岁入富连成科班，先学小生，后改旦角，跟随萧连芳、王连平等先生学戏，打下了坚实的基础。崭露头角之后，他被当时回科班教戏的"筱翠花"于连泉先生看重，后拜于先生为师，得其亲授。于先生拿手的剧目父亲都能上演，如《马思远》《乌龙院》《梅玉配》《翠屏山》《贵妃醉酒》《红梅阁》等，在科内就有"小筱翠花"之称。出科之后，父亲始终上演"筱派"剧目。1957 年,他上演了不少踩跷的戏,其中有一场《坐楼杀惜·活捉三郎》,没想到于连泉先生也到现场看戏,散戏之后,于先生到后台对父亲说:"我没白教你!"他认为父亲非常好地继承了他的艺术,感到欣慰,父亲也觉得没有辜负于先生的教导,师徒二人激动相拥,热泪盈眶。我们兄妹几人当时就在后台,亲眼看见了这一感人的场景。

1935 年,富连成遇到了困难,尚小云先生毅然伸出了援手,帮助排演了《天河配》《娟娟》《金瓶女》《酒丐》等应节戏和新戏,父亲也得到了尚先生的赏识,于 1935 年拜在他的门下。拜师之后,父亲几乎天天都到尚先生家里学戏,《乾坤福寿镜》《昭君出塞》《秦良玉》等剧目,他都按照尚派风格上演,尚先生还曾经提携父亲一起演了《娟娟》,尚先生演冯伏氏,父亲演娟娟。这一时期,尚小云先生亲自带着父亲去"芙蓉草"赵桐珊先生家,进门就说:"给你带来了徒弟,你收也得收,不收也得收。"并让赵先生教了父亲《辛安驿》,后来父亲也没少和赵先生学戏,并于 1940 年 7 月在上海正式拜赵先生为师。1961 年,父亲邀请赵先生到吉林教戏,师徒二人还合演了《四郎探母》,父亲演杨宗保,赵先生演萧太后。

1936 年,梅兰芳先生北上,在齐如山先生的联系下,父亲和李世芳、张世孝、刘元彤一起拜梅先生为师。拜师之后,梅先生让几名弟子观摩他排练、吊嗓子和演出,还在百忙之中教了一出《霸王别姬》,让朱桂芳先生指导。有一次父亲演《小上坟》,李世芳演《霸王别姬》,梅先生到现场看完戏之后又帮他们分析剧中的人物,讲解表演时应注意的技巧。中华人民共和国成立以前,父亲每次去上海都要亲往梅先生家拜见,聆听教诲。后来,父亲曾经两次和梅先生同台演出,其中一次是 1954 年在中南海的一场京剧晚会,父亲演的是《打焦赞》,梅先生演的是《贵妃醉酒》。

父亲很早就非常崇拜荀慧生先生的艺术,出科后经人介绍,在 1939

年 8 月 8 日如愿以偿地拜在荀先生门下。仪式在丰泽园举行，拜师当天荀先生就拿出了《红娘》《红楼二尤》《香罗带》和《勘玉钏》四个剧本，都是他的拿手戏，可以说他是将父亲看作可传衣钵的弟子。当时荀先生家住在椿树三条，父亲只要有时间几乎天天去他家学习，荀先生给父亲起了个绰号，叫"横旦"，每当父亲一进门他就高兴地喊到"横旦来了、横旦来了"，因为他认为父亲当时刚劲有余而柔美不足，还需要进一步完善。1950 年荀先生和父亲合演《棋盘山》，荀先生演窦仙童，父亲演薛金莲。1958 年父亲奉命离京，荀先生亲自送到车站，师徒二人洒泪分别，没想到竟成永诀。

著名京胡大师徐兰沅先生非常喜欢父亲，亲自操琴为他吊嗓、说腔，父亲也得以拜在他的弟弟徐碧云先生的门下，学习了《绿珠坠楼》《虞小翠》等戏。父亲首次赴上海演出载誉而归之后，徐兰沅先生亲自为其组班，直接把徐碧云先生的"和平剧社"让给父亲使用，他的儿子徐元珊先生当时还没进科班学戏，也搭过父亲的班唱戏，这个班社父亲一直用到 1958 年离京之前。这个剧社正如其名，真的一直很"和平"。徐兰沅先生当年有意招父亲为婿，不知道什么原因没能实现，以至于很多文章都写徐兰沅先生是父亲的岳父。

父亲得到了这么多大师的传授，一方面是因为他基本功好，基础打得坚实，本人也好学。更重要的是这些大师们毫无门户之见，不把艺术看作私人财产，他们的这种精神也深深地影响了父亲，在他后来从事教育工作的时候也是这样做的。

父亲非常尊重这些位师长，不论人前还是背后，连名讳都从来不提，对我们子女从来都是"你梅爷爷""你尚爷爷""你荀爷爷"……记得一次我们几人随父亲出门给奶奶买点心，恰好遇到梅先生去看望王瑶卿先生（同在大马神庙胡同），只见父亲赶忙上前给师父请安，并急忙叫我们快喊"梅爷爷",于是,我们兄妹几人应声跪地,把梅先生逗得开怀大笑,连声说:"教育得好,教育得好。"

从艺术风格上来看,父亲主要还是艺宗荀筱,同时兼演梅、尚、徐等派,不论哪派的戏,他演来都在不失原样的基础上,融入个人的风格,并合理地把自己的技巧加到其中。

除了这些旦角大师的教导,其他一些京剧大师也非常提携父亲,比如他刚刚出科的时候,是李万春先生带他去上海演出,头一天打炮演出《大英杰烈》,万春先生捧父亲演了王富刚,后来两人还合演了《武松和潘金莲》等戏。在父亲赴沪之前,马连良先生还联系了黄金大戏院的经理金廷荪,为父亲订制了全套的行头。这些事都是令父亲终生难忘的。

提到父亲的艺术,就不能不提到跷功。踩跷作为一项技艺,在京剧的舞台上被运用了百余年,是当年武旦和花旦必须掌握的。虽然由于各种原因在20世纪50年代被取缔,但跷在京剧中确实有它特有的、不可取代的功能。当初京剧舞台上的旦角全都是由男演员扮演,踩上跷能使得他们更具有女性的柔美,而且也更容易和其他行当区分开。踩上跷之后,能提高旦角的身高,使得身段更加婀娜,尤其是对一些身材比较矮的演员更加重要,这一点在父亲身上有比较明显的体现。对于武旦来说,踩上跷能让他们动作更加轻盈,转身、圆场都非常迅速,在打出手的时候,对脚背和脚踝还有一定的保护作用。踩跷是一门必须忍受极大的痛苦才能掌握的技艺,但作为一项技巧还有存在的价值——和"耍牙"等技巧一样。事实上,除了武旦、花旦踩跷,其他行当的演员在打基础的阶段都会付出相当大的努力,学戏等于吃苦。比如武戏演员的各种反扑、摔打技巧,都是在非常硬的地上练出来的,他们付出的汗水和面对的危险,要超过踩跷。因此,现在虽然踩跷已经不常见于舞台,但我们也不能否认它在京剧中的作用,以及前辈名家们通过艰辛付出而在这项技巧上所达到的高度和取得的成就。

　　父亲入科后不久就练习跷功，付出了极大的努力，几乎跷不离脚，他用平凡的身躯，练就了不平凡的绝技。三大爷毛盛荣对父亲非常严，排戏之余，便让父亲踩着跷站到科班后院的污水缸的缸沿上，笔直挺立，寒暑无间。即使是过年放假回家的几天，我父亲仍然绑着跷，终于练出了堪称绝技的跷功。

　　父亲在很多戏中都有高难度的身段和技巧，而这些全都是父亲在踩跷的情况下完成的。父亲演出《小上坟》的时候，一身白衣，与丑角演员对舞对唱，对耍眼神，满台飞舞；《十二红》一剧，父亲在科内和叶盛章先生合演此戏时，两人同时接叉，同时摔锞子，难度非常大，还有跟头出场；《巴骆和》中，九奶奶因丧子心疼，顿足捶胸，走前后铁门槛，棍下场也变成左手，当时师父们惊叹，夸赞他所刻画的人物逼真；《辛安驿》中，父亲有踩着跷走矮子、蹲桌子的绝技，台下观众不住叫绝；《穆桂英》《南界关》等戏也全是踩跷完成的。

　　翁偶虹先生评价父亲的跷功"上侪小翠花，下侪宋德珠"，和宋德珠"文武双跷，互相倾慕"。和同时代的那些京剧大师、艺术家们一样，父亲在长年的舞台实践中形成了自己的风格，演出的剧目都有自己的特点，把自己过硬的功夫和技巧合理地融入剧情和人物性格当中，取得了很好的艺术效果。比如《棋盘山》中，当薛金莲被窦仙童打败，窦踢薛，我父亲在这里用了连续的动作就非常合理；《大英杰烈》中，起罗汉霸，托刀下场，大刀在他向前伸出的左手掌心垂直旋转两周半，这一创造性的"托月"动作令台下喝彩声不断；《白门楼》中，被擒时的扔枪，父亲必走拨浪鼓子，干净利落，这一摔让人感觉吕布大事去矣。当听到曹操一声"斩"字，随着"叭、呛"大锣一击，他由背对观众的单腿跪地，拧身180°，起反飞脚变单盘腿，而左腿不落地的屁股座子，把吕布吓得极度惊恐的样子，表现得恰到好处。他曾笑着对我们说："观众看我的《白门楼》，就为看这两个动作，像听《探母》的'叫小番'一样过瘾。"《绿珠坠楼》，三张半桌子翻下；《醉酒》中有三个卧鱼，先抬脚，亮出小脚后慢慢落地，再卧下，三个下腰同样让观众大呼过瘾……这些动作正常完成都很见功夫，更何况他全是踩着硬跷！足见功夫之深，更难得的是不影响娇美，而且从来不让观众为他捏把汗，这才称得上绝活儿，是艺术享受。

1959年，父亲出任吉林省戏曲学校副校长之后，也和那些无私教导他的前辈们一样，把自己的艺术倾力传给下一代。当时，受时任吉林省委宣传部部长宋振庭之邀组建吉林省戏曲学校，准备把这个戏校变成吉林的"富连成"。父亲不但亲自为学生授课，还请来了贾多才、王玉蓉、梁小鸾、安舒元、张继武、徐霖甫、万啸甫等名家来执教。到1966年前，戏校培养了近百名京剧学员，其中四十多名旦角都得到了父亲的悉心指导，包括王晓菊、李砚茹、李秀琴、蔡晶、刘丽敏、阎淑萍、赵文博、张桂林、孙黛玉等人，在学生眼里，父亲是"威而不怒"。

父亲深知作为一名演员，必须有深厚的基本功，必须是"功"等戏，不能戏等"功"，所以他严格要求学生，不允许懒惰。针对刚刚入学什么也不懂的学生，他像父亲一样细细叮嘱，比如：戴鱼枷必须露出手，因为是刑具；旦角指人不能指天，要手伸平；旦角枪的亮相，不同于花脸和武生，手掌扣实，不能有刚无柔；在马上不能跺脚，跺脚马就跑了，马鞭挂地，就掉下来了；《樊江关》二人对剑，应该用剑套子，而不应该打"九刀半"；上下楼要"七上八下"；唱《金山寺》《断桥》时，不要走直线，尤其是背影，头要往上挺，腰身微动，因为她是蛇仙……

我们姐弟三人也进入学校学戏，二女儿莲莲跟随父亲课堂学青衣、花旦，二儿子继宗跟随大爷毛庆来课堂学武生和老生，三儿子继承跟随三大爷毛盛荣课堂学花脸。我们曾与父亲合演过《白门楼》，万啸甫先生饰刘备，丁福亭饰曹操，二女儿饰貂蝉，二儿子饰陈宫，三儿子饰关羽；合演过《樊江关》，二女儿饰柳迎春。后来我们姐弟几人先后改行，但少年时与京剧结下的缘分却是终生难舍的。2017年我们有幸进京参与了"百名艺术家录像"制作，同时也为《南界关》的复排尽了一点绵薄之力，算是不负当年父辈的悉心栽培吧。

20世纪80年代初，邢美珠开始和父亲学戏，于1983年正式拜父亲为师，学习了《棋盘山》《穆柯寨》《吕布与貂蝉》《白门楼》《南界关》等戏。因为文武全才、功底扎实、台风大气，邢美珠被关肃霜先生看中，关先生为此两次登门拜访父亲，父亲也认为美珠更适合学关，因此欣然同意她拜关为师，并且语重心长地告诉她要"博采众长、转益多师"，邢美珠后来成了"关派"最好的继承人。

王继珠是宋德珠先生弟子，来到吉林工作后也拜在父亲门下学戏。父亲见她功底深厚，但戏路不宽，因此教了她很多刀马旦的戏和尚派的剧目，她后来成为梅兰芳金奖大赛的得主，同时也是"宋派"最优秀的传人之一。

从父亲对"二珠"的态度上，可以看出他完全秉承了前辈们的优秀品德和艺德，很好地起到了承上启下的作用。

《南界关》是富连成独有的剧目，唱做繁重，很有特点。父亲在科班的时候就常演这出戏，出科后更是作为打炮戏，直到1957年全国巡回演出的时候仍然如此，二十多年的时间始终没有间断演出，并且不断完善。1958年父亲到吉林之后，还曾上演过《南界关》。

1963年，父亲在吉林戏曲学校教授了这出戏，我们姐弟三人曾经合演过，1983年邢美珠向父亲学了这出戏并且上演。

《南界关》的主角徐金花前半出青衣、花衫应工，后半出刀马旦应工，非常能体现父亲的全面技艺。这出戏前半出重文，唱腔方面有［西皮慢板］

〔西皮二六〕和〔二黄导板〕〔回龙〕〔原板〕，念、做也都有非常精彩的表现，尤其是一些小地方更是特别细腻。后半出重武，随着〔得胜令〕〔沽美酒〕〔醉花阴〕〔喜迁莺〕〔刮地风〕〔水仙子〕等成套曲牌，边武边唱，和《挑滑车》有异曲同工之妙。全剧有七番大开打，四场"鞭挂子"，最后背子"起霸""大战""闯营"，身段非常繁重，但我父亲处理得都非常细致而且有层次，比如有两个下场，都不用常见的下场，一个探海，背枪翻身，另一个从垛子上起来虎跳，全是踩着跷完成的。

2017年，中国京剧艺术基金会"京剧艺术传承与保护工程——挖掘抢救整理传统剧目"，选出了十一出戏整理恢复，就包括这出《南界关》，由黑龙江省京剧院邢美珠的弟子张欢主演。感恩王玉珍理事，她兢兢业业，多次往返于北京和哈尔滨之间，为完成此剧付出了极大的心血，经她审定三稿，才得以成形，功不可没。感谢于峰院长、李钟院长和黑龙江省京剧院的大力支持，感谢邢美珠、贾喜麟贤伉俪的辛勤付出，不忘师恩，承上启下，将这出戏传给了众多弟子，值得尊敬。这出戏重现舞台，相信父亲在天有灵，也一定会感到欣慰的。

回忆父亲的艺术成就，应该说首先是他坐科富连成的十年，练就了全面过硬的基本功，为他一生的舞台实践打下了深厚的基础、创造了必备的条件。跷功是父亲全部艺术成就的一个重要组成部分，他成为"四小名旦"之一，用他自己的话说"是观众捧了角儿，没有观众再好的艺术也黯然无色，我永远忘不了热爱我的观众"。当时各路高人都在演自己的剧目，为什么偏偏喜欢这小鸟依人的毛世来？我们记得当时有观众评论，他"凭借一身过硬功夫，演男像男刚劲威武，演女像女妩媚多姿，没有丝毫痕迹，更不卖弄，尤其一笑，可爱极了"。

如今我们也七老八十，回忆父亲一生，可歌可泣。他的童年受尽艰辛，青中年要拼命唱戏挣钱养活一家老小和剧团的百十来号人，他丝毫不能放松自己，中老年任教，兢兢业业，用他的话说是"不能把师父传给他的技艺带到棺材里"。

父亲前半生学演戏，后半生教戏，可以说把毕生的精力都献给了京剧艺术。1978年父亲重返戏校，虽然患了脑血栓，但他说自己头脑相当清醒，还能带学生，于是又教授了众多求教的学生，还教授了评剧、赣剧、吉剧等，留下了一曲曲轮椅上的绝唱。

1994年12月19日，父亲安然离世，他对得起父母，对得起恩师，对得起观众，对得起学生，无愧此生。他生前传承、创造，留给后人无价的艺术瑰宝，为京剧事业立德、立功，后人理应为其立言，愿他的艺术流芳百世。

再次感谢张建国老师、倪茂才老师、王玉珍老师、洪业老师、封杰老师，以及诸位尊敬的叔叔伯父们，我们全体儿女向你们表示衷心的感谢！相信父母在天有灵一定会感到欣慰和温暖！

全体儿女叩拜
2021年1月9日

毛世来艺术活动纪事

1921年1月19日 毛德俊夫妇从山东逃荒到北平，投奔哥嫂后，生下了他们的第六个孩子，取名毛家宝毛世来，字绍萱。家宝在寄人篱下中度过了贫苦的童年。

1928年冬 经毛盛荣（毛世来三哥）介绍入富连成科班第五科学戏，改艺名为毛世来。启蒙师父为萧连芳，启蒙戏《举鼎观画》。

1929年 毛世来在北平灯市口银环戏院首次登台演出，时年8岁，演出的剧目是《铁弓缘》。此后边学边演，常扮的角色有《樊江关》中的薛金莲、《十三妹》中的何玉凤等，同台演出的有李世芳等同科学员。

1932年 毛世来因主演《铁弓缘》等戏而初露头角。

1934年 富连成社"盛"字科学员离社，"世"字科为长。毛世来开始主演《破洪州》《荡湖船》《鸿鸾禧》《樊江关》《大英杰烈》等戏，独当一面。

1935年 毛世来随富连成科班赴天津北洋戏院演出，同台演出的有叶盛章、叶盛兰、李世芳、袁世海等人，毛世来的表演受到天津观众的赞赏，时年14岁。

1935年 经赵砚奎（尚小云的琴师）和善保臣（尚小云的管事）介绍，毛世来拜尚小云为师，在前门大街"鸿宾楼"举行拜师仪式。尚先生为毛世来传授了《天河配》，并在乐华戏院上演。后尚先生又教毛世来《娟娟》《金瓶女》《昆仑剑侠传》等剧目。

1936 年 毛世来随富连成社多次赴天津演出，他上演的剧目有《打渔杀家》《天河配》《宦海潮》，以及尚小云亲授的《娟娟》《金瓶女》等，评论界人士认为，他的戏路明显拓宽。

1936 年 9 月 经齐如山先生介绍，毛世来、李世芳、张世孝、刘元彤四人拜梅兰芳先生为师。在北平市绒线胡同齐先生办的北平国剧协会陈列馆举行了拜师仪式。梅先生向毛世来、李世芳口授《霸王别姬》。

1936 年秋 经北平大、中学校爱好京剧的师生及其他京剧爱好者共同倡议，由北平《立言报》发起征文选举童伶活动，范围仅限于富连成社和中华戏曲学校的学员。选举结果是李世芳当选为"童伶主席"，毛世来当选为"旦部冠军"，旦部的第二至第四名分别为侯玉兰、宋德珠、白玉薇。同时，还选出了生、丑、净部童伶。

1937 年 1 月 17 日上午 在富连成社南院举行授奖仪式。梅兰芳、荀慧生、尚小云、程砚秋"四大名旦"及梨园名家两千多人到会祝贺，授予毛世来的奖杯上写有"娇媚天成"四个字。会后，由李世芳和袁世海合演了《霸王别姬》以示庆贺。随后毛世来灌制了《小放牛》《小上坟》《得意缘》《探亲家》《铁弓缘》《宣化府》等唱段的唱片。

1937 年初 毛世来出科留富连成社效力，叶盛章回社领衔主演。毛与叶密切配合同台演出，在叶主演的《白泰官》《酒丐》和连台《藏珍楼》《紫荆树》《武松与潘金莲》等戏中，毛为叶配戏。在毛主演的《十二红》《双合印》等戏中，叶也为毛配戏。1937 年毛世来随富连成社在北平的长安、新新等戏院演出，他演出的剧目有《双合印》《十二红》《酒丐》《虹霓关》《棋盘山》《穆柯寨·穆天王》等戏。

1937 年 9 月 毛世来参加叶盛兰组班的公演，在新新大戏院与叶合演了《南界关》，饰花迎春。

1938 年 3 月 2 日 毛世来在北平与李世芳、叶盛章举行告别演出，演出了《娟娟》等戏。

1938年3月 农历二月二"龙抬头"之日，毛世来正式出科。清晨，毛携丰盛酒菜赴延寿寺叶宅谢师，叶氏昆仲奖勉有加，叶文甫氏赠大红行头一身，寓意"开门红"。毛世来出科后第一次演出携之登台，以示不忘其师。1938年3月，李万春的永春社在上海黄金大戏院演出，因大哥毛庆来在其社内搭班演戏，借此关系毛世来首次到上海，与李万春等人合演了《大英杰烈》《马思远》《十三妹》《穆桂英》等戏，历时一个月，一炮打响，上海各大报刊纷纷予以报道，并为其出了专刊。

1938年5月 毛世来联合一批师兄弟组建和平社，社址设于北平广德楼。成员有袁世海、高盛麟、张连廷、裘盛戎、贯盛习、江世玉、艾世菊、阎世善、沙世鑫、罗盛公、徐元珊、陈喜星、何佩华等50多人，阵容很强大。随后，和平社以广德楼为基地，在北平上演了《十二红》等几十出戏。

1938年6月 毛世来率和平社赴天津中国大戏院演出，并以头牌身份与观众见面，演出了《儿女英雄传》《十三妹》等戏。和平社演员阵容整齐，受到天津观众的好评。

1939年5月16日 毛世来与和平社主力成员25人赴上海黄金大戏院演出，此前，上海各报刊为此已宣传数月，毛等人此行受到上海戏迷的欢迎，相继演出了《十三妹》《铁弓缘》《穆桂英》《辛安驿》《法门寺》《探母》《南界关》《阳平关》等戏。场场观众爆满，和平社在沪叫响，历时40天。此后，毛世来的和平社每年都来沪演出。

1939年10月15日 上海报刊发题为《李万春与毛世来临别纪念》的特刊，刊登了评论界著名人士对毛世来表演艺术评论文章，其中有舍予、鄂吕弓、徐慕耘、苏少卿等人的评论，对毛世来的表演均给予较高的评价。

1939年秋 戏曲评论界及京剧界一些人士认为，毛世来在被称为"小筱翠花"的基础上，再学些荀派戏，必将有更大的艺术造就。在陈墨香、曹连孝等人的介绍下，毛世来从上海返回北平后拜荀慧生为师，荀给了毛世来四个独有的戏：《红娘》《红楼二尤》《香罗带》《勘玉钏》。后又教了《元宵谜》《荀灌娘》《花田八错》《十三妹》等。

1940年　自1936年举行童伶选举后，在广大观众心目中一直酝酿着"四小名旦"的人选。北平《立言报》主编吴宗佑和新新大剧院经理万子和等人，根据群众推举的意见结果，邀请李世芳、毛世来、张君秋、宋德珠分别于1940年和1942年在长安大戏院、新新大戏院演出两场《白蛇传》。四人分演了自己擅长的戏，毛世来演《断桥》，李世芳演《产子》《合钵》，宋德珠演《金山寺》，张君秋演《祭塔》，内行人称其为"四四《白蛇传》"，社会影响非常大。此后，四人被观众公认为"四小名旦"。

1940年7月　毛世来率和平社在青岛演完后，第三次赴上海演出。此间，毛世来拜长期在黄金大戏院坐包的赵桐珊（芙蓉草）先生为师，赵向毛传授了《辛安驿》一戏，并帮毛整理了一些上演的戏。此次演出打出了"四小名旦之一，荀派文武花衫"的牌子，演员阵容较整齐。随后赴天津天宝和中国大戏院等剧场演出。除演出了《十三妹》《小上坟》等常演戏外，也演了荀剧《元宵谜》、徐剧《虞小翠》，反响均好。

1940年12月　毛世来与刘宝珍女士在北平完婚，北平一些报刊就此予以报道。

1941年3月　毛世来率和平社一行60余人赴奉天（今沈阳）中央大戏院演出。演出剧目有《玉堂春》《花田错》《大英杰烈》《十三妹》《辛安驿》等。

1941年11月　毛世来带和平社赴天津中国大戏院演出一月有余。演出了《小上坟》《得意缘》《梁红玉》《穆桂英》《玉堂春》《南界关》等戏。

1942年2月　应黑龙江省旅沈同乡会及建设协会邀请，毛世来与和平社一行18人赴沈阳青年馆参加为救济难胞的募捐演艺会的义演，历时半月，演出了《玉堂春》《红娘》等戏。

1942年5月　毛世来带和平社赴济南北洋大戏院演出。演出的剧目有《大英杰烈》等。

1942年冬　毛世来率和平社赴徐州大会堂演出，同台演出的有管绍华（老生）、钟鸣岐（武生）、马连昆（花脸）、张蝶芬（二旦）、储金鹏等名流。演出的剧目有《双合印》《马思远》等。

1945年　毛世来与李世芳在天津合演《娟娟》《金瓶女》等戏。

1947年　李世芳逝世，北平《纪事报》举办新"四小名旦"选举，毛世来再次入选。

1948年10月　毛世来与杨荣环在天津合作演出尚派剧《娟娟》。

1949年4月　毛世来应邀赴天津群英戏院，与李蓉芳、宋玉声、傅德威等演员演出了《娟娟》《大英杰烈》等戏。

1950年　毛世来与恩师荀慧生在北京三庆戏院合演《棋盘山》一戏，荀饰窦仙童，毛饰薛金莲。

1951年　毛世来赴上海演出，时逢梅兰芳先生在此办义务戏，毛与梅先生在天蟾舞台同台演出，梅演《游园惊梦》、毛演《小放牛》等戏。同台演出的还有周信芳、杨荣环、盖叫天等名家。

1952年　第一届全国戏曲观摩大会在北京召开，毛世来的表演获评一等奖。

1958年　依据"京剧只在北京发展不行，要普及全国"的指示精神，北京市二十几个京剧团进行调整。北京仅留下中国京剧院和北京京剧团，其余均下放各省。毛世来带领和平京剧团60多人受吉林省委宣传部原部长宋振庭邀请来到吉林省省会长春市，该团改名为吉林省京剧团，毛世来仍任团长，王玉蓉任副团长，主要演出场所有大众剧场和朝阳剧场。8月17日—19日在朝阳剧场举行建团公演，毛世来主演了《大英杰烈》《杨排风》《打焦赞》。此期间，毛世来与王玉蓉合作公演的剧目主要有《王宝钏》《杨排风》《打焦赞》《盗宗卷》《红娘》《徐金花》《玉堂春》《梅玉配》《辛安驿》《十三妹》《花木兰》《小上坟》《孔雀东南飞》《吕布与貂蝉》《刺巴杰》《巴骆和》《大英杰烈》《法门寺》《棋盘山》《拾玉镯》

《樊江关》《潘金莲》《穆桂英》《打渔杀家》《花田八错》《樊梨花》等几十出戏。他们经常深入街头、工矿演出，还在省内的吉林市、四平市、敦化市等地巡回演出，同时还培育了一批新人。

1958年9月7日 为配合反对美国的军事威胁的宣传，毛世来带领吉林省京剧团40多名演职员，排演两出大型活报剧，在斯大林大街（今人民大街）、长春公园（今胜利公园）、火车站等各处演出。毛世来饰杜勒斯，王玉蓉饰宋美龄。每演一处，群情激昂。

1959年6月19日 毛世来出席政协吉林省第二届委员会。

1959年6月 征得本人同意，毛世来被调到吉林省戏曲学校任副校长兼京剧教师。从此告别舞台，时年38岁。省委宣传部原部长宋振庭亲自找毛世来谈话，建议他以教学为主，办一个富连成式的学校，教学上严格把关，要教真本领。此番话使毛世来激动不已，以致在后半生的教学生涯中，倾注了全部心血。

1959年8月 毛世来副校长率京剧科学生赴蛟河煤矿，为矿工慰问演出。

1959年11月 毛世来倡导学生在打好基本功的同时，要多听、多看，善于博采众长。提倡开门办学，开阔视野，对外来演出的名家，采取"雁过拔毛"的做法请他们辅助教学。当他的师兄叶盛章、高盛红来长演出时，毛世来率京剧科学生前去观摩，并请二位艺术家来校为学生亲授《三岔口》一戏。

1959年11月26日 《吉林日报》发表毛世来题为《提高艺术质量，做党的文艺尖兵》一文。

1960年3月 毛世来与贾多才、安舒元共同向学生传授《法门寺》一戏。

1960年5月 经中共吉林省委宣传部原部长宋振庭提议，毛世来接收省京剧团青年演员李秀芹、李砚茹、王晓菊三人为学生。教学中，在注重"艺种流传"的同时，努力教授真本领。在教法上继承并发展了富连成科班轮流教学法，不仅加强了教学力度，也加快了教学进度，一学期同时教授了《醉酒》《樊江关》《穆桂英》《棋盘山》四出大戏，取得了优异的教学成果。

1960年5月　毛世来出席在北京召开的全国教育、文化、卫生、体育、新闻战线社会主义建设先进单位及先进工作者代表大会。

1960年7月20日　毛世来率省戏校京剧科师生赴延边地区实习演出，演出了《樊江关》（毛世来教）、《挑灯大战》（毛庆来、万啸甫教）、《棋盘山》（毛世来、吴维芳教）、《白水滩》（毛庆来教）、《武家坡》（崔鸣仙、安舒元教）、《醉酒》（毛世来教）、《钓金龟》（徐霖甫、贾多才教）等戏。受到观众及戏曲界的好评。

1960年8月18日　为加强学生的艺术实践，提高教学质量，经毛世来提议、上级批准，吉林省戏曲学校成立青少年实验京剧团，演出剧目全部由京剧科教师教授，毛世来任艺术指导。

1960年10月　戏校党支部研究决定：选送毛世来、毛庆来等人去省委党校学习。

1961年4月　毛世来邀请著名京剧演员赵桐珊（芙蓉草）来校讲学。经省委宣传部原部长宋振庭提议，由省文化局主持，毛世来及京剧科部分教师与赵桐珊在艺术剧场合演一场传统京剧《四郎探母》。赵桐珊饰萧太后，毛世来饰杨宗保。省里领导观看了演出。

1961年6月7日　毛世来率京剧科师生再赴蛟河煤矿慰问演出，并亲自演出京剧清唱，受到煤矿工人的欢迎。

1961年7月　为配合社会主义教育运动及学生艺术实践的需要，在校学生进行上山下乡慰问演出。毛世来带领京剧科师生赴农安、蛟河、营城子等地演出，历时半月。

1961年8月　中国戏剧家协会吉林分会成立，毛世来被选为副主席。

1961年12月24日　吉林省戏曲学校成立校务委员会，毛世来任主任。

1961年　毛世来应省电台邀请，录制了《十三妹》《棋盘山》。

1962年　省电视台录制毛世来演唱的《红楼二尤》《勘玉钏》《白门楼》等唱段。

1962年3月—7月　毛世来为京剧科学生教授《悦来店》《能仁寺》二折戏。

1962年4月　毛世来为吉林省赣剧团主要演员成美英教授《白蛇传》中《水斗》一折。

1962年8月　毛世来代表学校邀请京剧表演艺术家于连泉（筱翠花）先生来校讲学，于先生传授了京剧《花田错》一戏。这期间，毛世来演出了《打灶王》一戏，为学生示范表演，这是毛世来一生中最后一次踩跷。

1962年夏　吉林省京剧团改名为吉林省京剧院，为庆祝建院，毛世来最后一次参加舞台演出。演出了《十三妹》《得意缘》《大英杰烈》《南界关》等戏，刘鸣才等演员同台演出，连演5天。

1962年9月—1963年2月　毛世来为京剧科学生亲授《金山寺》《醉酒》二戏。

1962年　应省电台文艺部之邀，毛世来为其录制了《红楼二尤》《白门楼》等戏。

1962年11月　时任中共中央东北局第一书记宋任穷来长视察工作期间，在南湖宾馆观看了毛世来与京剧科学生的汇报演出，学生演出了《女起解》《三岔口》，毛世来演出了《白门楼》。时任吉林省委第一书记吴德及栗又文、于克、徐寿轩、宋振庭、高叶等领导观看了演出，对毛世来精湛的技艺给予高度评价。

1963年3月　为完成好在本学期内教授《虹霓关》的教学计划，开学伊始，毛世来为学生示范演出了该剧。毛世来亲授学生《南界关》。

1963年10月22日—24日　应吉林省文化局、剧协吉林分会、《吉林日报》编辑部邀请，毛世来参加戏曲工作者座谈会，与会人员就戏曲如何展示现实生活、继承传统，如何塑造社会主义新的英雄人物，以及戏曲改革中的其他问题进行了座谈。

1978年5月　党组织为毛世来落实了政策，毛世来全家调回长春后参加了省京剧团《一代巾帼》的排演工作。

1979年　吉林省戏曲学校恢复建制，毛世来调回吉林省戏曲学校。

1979年5月1日　毛世来在为学生排练《穆柯寨》一戏时因过度劳累，突发脑血栓，留下半身不遂病症。10月恢复后被任命为吉林省戏曲学校顾问，他十分感激各级领导对他无微不至的关怀，他说："我身体残废了，可我不糊涂，手能动，嘴能说，我渴望把我的技艺传给后人。"病中的他仍坚持为学生说戏。

1982年　《吉林戏剧》一、二期连载了由毛世来口述，孙世文、孙长志整理的《我的艺术生活》一文。

1982年　吉林省京剧团进行恢复优秀传统剧目工作，李秀琴主演了由毛世来亲授的京剧《棋盘山》，受到京剧界人士的好评。

1982年6月　在上级组织、学校领导的关心及积极治疗下，毛世来病情好转。时任中共吉林省委书记于林提议，毛世来给省京剧团主要演员徐枫、王凤霞排练《棋盘山》一戏，此剧演出后受到好评。吉林人民广播电台录制并播放了该剧。

1982年　毛世来的学生蔡晶（1965年毕业，吉林市京剧团主要演员之一，曾多次获省市表演一等奖）为参加全省青年演员会演，回校请毛老说《擂鼓战金山》一戏，毛老不顾年老体弱，悉心指导、精心传授，一练数月。蔡晶终于获得这次会演的表演一等奖，消息传来，毛老激动不已地说："没想到我还能为振兴京剧作贡献。"

1982年10月8日　由长春市文化局主办"邢美珠拜毛世来为师"仪

式。邢美珠是长春市京剧团主要演员，也是毛世来第一个拜师徒弟。此后，毛世来悉心向他传授科班保留剧目《南界关》《棋盘山》二戏。经过真传，邢美珠的表演技艺不断提高，日趋成熟。

1983年2月　著名京剧表演艺术家宋长荣，借来长演出之机拜访了毛世来。二人共同切磋荀派代表剧目《得意缘》。2月12日，《长春日报》发表了毛世来撰写的文章《老树新枝开奇花——写在宋长荣师弟来长公演之际》。

1983年3月　《吉林戏剧》连载了由毛世来口述，孙世文、孙长志整理的题为《京剧旦角的"四功五法"》一文，较系统地介绍了毛世来京剧表演艺术技巧和功法。

1983年9月　毛世来为京剧科学生教授了传统剧目《穆桂英大破天门阵》一戏。因毛世来重病在身，行动不便，在教授过程中特指派刘丽敏（毛的学生，毕业后留校任教）为助教，万啸甫老师为艺术指导。

1984年4月　反映毛世来艺术生涯的一组照片及资料，被陈列于中国艺术研究院陈列室。

1984年7月　毛世来将《破洪州》一戏传授给京剧科学生。

1984年9月23日　《长春日报》发表题为《毛世来谈梅兰芳》一文。

1984年9月25日　京剧科80届学生赴长春第一汽车制造厂等处，演出毛世来所授剧目《穆桂英大破天门阵》，受到观众好评。

1986年9月　吉林省戏曲学校科研处的艺术档案室和电教室为毛世来建立了"录音、录像、图片、文字"四位一体的立体化艺术档案。

1986年9月16日　原"四小名旦"之一宋德珠的弟子，白城市京剧团主要演员王继珠正式拜毛世来为师。时任省文化厅吴景春厅长、王充副厅长，科教处张朝清处长，民进吉林省委会领导参加了拜师会，并分别讲了话。拜师后，毛世来向王继珠传授了《乌龙院》《吕布与貂蝉》《白门楼》等戏。

1987年　《戏剧电影报》刊登翁偶虹撰写的《毛、叶〈十二红〉》等文，介绍了当年毛世来与叶盛章合作演出《十二红》的情况，以及毛世来的表演艺术特色。

1987年　毛世来的病情日趋严重，已不能站立，吉林省戏曲学校为他买了一把轮椅。此后，毛世来便坐此轮椅到校或在家中授课。

1987年12月28日　吉林省京剧团在大众剧场公演毛世来亲授剧目《武松与潘金莲》（由孙震林、徐枫主演）。

1990年10月　为纪念徽班进京二百周年，吉林人民广播电台、吉林电视台及各报刊的记者分别采访了毛世来，并播放和发表了录音、录像及采访文章。

1990年12月1日　省文化厅向毛世来、梁小鸾等129位从事京剧艺术工作满40年的老同志颁发了荣誉证书。

1991年12月27日—29日　为配合纪念徽班进京二百周年活动，《人民日报》（海外版）连续发表了由吕海江、曹文汉、王洗心撰写的文章，题为《昨夜星辰记——"四小名旦"之一毛世来》。

1991年7月　为了表彰毛世来对京剧事业的突出贡献，国务院授予毛世来特殊政府津贴，并颁发证书。

1991年9月　《吉林日报》记者采访了在家养病的毛世来。毛世来谈到观看纪念徽班进京二百周年演出活动时，激动地吟诗一首：病榻诵诗迎国庆，高歌剧坛百花红。京剧艺人逢盛世，泪眼笑望好前程。

1991年　毛世来的入室弟子王继珠（时任吉林省戏曲学校京剧教师）与学生参加纪念徽班进京二百周年等活动中，因演《扈家庄》一戏，荣获中国第八届戏剧梅花奖和梅兰芳金奖，并列入全国"八大名旦"行列。

1992年2月12日　《解放日报》发表了柴俊为的文章，题为《宁静寂寞　情有所系——京剧四小名旦毛世来近况》

1992年　《戏剧电影报》连载了刘乃崇撰写的文章《爱戏如命》，在《毛世来转益多师》一文中介绍了毛世来的艺术生涯及其表演艺术特色。

1993年9月　毛世来个人传记被收入《中国当代艺术界名人录》一书。

1994年12月19日　毛世来因病医治无效在长春逝世，享年74岁。吉林省内一些新闻媒体纷纷发表悼念文章和消息。

1995年1月　毛世来的个人传记及舞台艺术照片被江苏省泰州市收入"梅兰芳史料陈列室"中梅门弟子桃李厅。

1996年3月19日　《长春日报》刊登了时任吉林省艺术研究所所长荆文礼的文章《一代名伶毛世来》，介绍了毛世来为京剧艺术事业所作出的贡献。

1999年　吉林省戏曲学校组织专人收集、整理、撰写，并由吉林文史出版社出版了名为《一代名伶毛世来》一书，书中收编了毛世来谈艺术生涯和京剧"四功五法"，以及刘曾复等30多位戏剧评论家、艺术家的文章，还收编了反映毛世来舞台艺术的珍贵照片60多幅。时任省文化厅厅长周维杰为书名题词，原文化厅厅长吴景春、时任吉林省戏曲学校邓惜华校长分别题词和撰序。此书具有一定的史料价值。

臧义琪　王黎红　王洗心

整理于1998年10月

图书在版编目（CIP）数据

纪念毛世来先生百年诞辰艺术文集 / 吉林省戏曲剧院编. -- 长春：吉林出版集团股份有限公司，2023.2
ISBN 978-7-5731-2879-9

Ⅰ.①纪… Ⅱ.①吉… Ⅲ.①毛世来（1921-1994）—纪念文集 Ⅳ.①K825.78-53

中国国家版本馆CIP数据核字(2023)第049210号

纪念毛世来先生百年诞辰艺术文集
JINIAN MAOSHILAI XIANSHENG BAINIAN DANCHEN YISHU WENJI

编　　者	吉林省戏曲剧院
出 版 人	吴　强
选题策划	贺　谊
责任编辑	冯津瑜
责任校对	孙雨欣
开　　本	710 mm × 1000 mm　1/16
印　　张	14.75
字　　数	200千字
版　　次	2023年2月第1版
印　　次	2023年2月第1次印刷
出　　版	吉林出版集团股份有限公司
发　　行	吉林音像出版社有限责任公司
	（吉林省长春市南关区福祉大路5788号）
电　　话	0431-81629679
印　　刷	吉林省吉广国际广告股份有限公司

ISBN 978-7-5731-2879-9　　定　价　68.00元

如发现印装质量问题，影响阅读，请与出版社联系调换。